U0114915

中 華 文 化 基 本 叢 書

白巍　戴和冰　主編

07

CHINESE JADE ARTIFACTS

張廣文　著

中國玉器
石之美者

總　序

　　時下介紹傳統文化的書籍實在很多，大約都是希望通過自己的妙筆讓下一代知道過去，了解傳統；希望啓發人們在紛繁的現代生活中尋找智慧，安頓心靈。學者們能放下身段，走到文化普及的行列裏，是件好事。《中華文化基本叢書》書系的作者正是這樣一批學養有素的專家。他們整理體現中華民族文化精髓諸多方面，取材適切，去除文字的艱澀，深入淺出，使之通俗易懂；打破了以往寫史、寫教科書的方式，從中國漢字、戲曲、音樂、繪畫、園林、建築、曲藝、醫藥、傳統工藝、武術、服飾、節氣、神話、玉器、青銅器、書法、文學、科技等內容龐雜、博大精美、有深厚底蘊的中國傳統文化中擷取一個個閃閃的光點，關照承繼關係，尤其注重其在現實生活中的生命性，娓娓道來。一張張承載著歷史的精美圖片與流暢的文字相呼應，直觀、具體、形象，把僵硬久遠的過去拉到我們眼前。本書系可說是老少皆宜，每位讀者從中都會有所收穫。閱讀本是件美事，讀而能靜，靜而能思，思而能智，賞心悅目，何樂不爲？

　　文化是一個民族的血脈和靈魂，是人民的精神家園。文化是一個民族得以不斷創新、永續發展的動力。在人類發展的歷史中，中華民族的文明是唯一一個連續五千餘年而從未中斷的古老文明。在漫長的歷史進程中，中華民族勤勞善良，不屈不撓，勇於探索；崇尚自然，感受自然，認識自

然，與自然和諧相處；在平凡的生活中，積極進取，樂觀向上，善待生命；樂於包容，不排斥外來文化，善於吸收、借鑒、改造，使其與本民族文化相融合，兼容並蓄。她的智慧，她的創造力，是世界文明進步史的一部分。在今天，她更以前所未有的新面貌，充滿朝氣、充滿活力地向前邁進，追求和平，追求幸福，勇擔責任，充滿愛心，顯現出中華民族一直以來的達觀、平和、愛人、愛天地萬物的優秀傳統。

　　什麼是傳統？傳統就是活著的文化。中國的傳統文化在數千年的歷史中產生、演變，發展到今天，現代人理應薪火相傳，不斷注入新的生命力，將其延續下去。在實踐中前行，在前行中創造歷史。厚德載物，自強不息。是為序。

湯一介

序

物化千秋舊時玉

中國人使用玉器有很長的歷史，內蒙古自治區敖漢旗興隆窪新石器文化遺址，以及遼寧省阜新查海遺址出土的玉器是八千年以前製造的，都很精美。有學者認為，一萬年以前，玉器已被使用。

玉文化滲透於中國社會的各個層面，有關玉的內容在文學創作、歷史記述、哲學思辨、世俗俚語中多有出現。玉器作品古來千千萬，除少量泯滅外，大量流傳於世，為今人所藏、所愛、所研究。

古人對於玉有很多的解釋，對玉材的認識既有具體的標準，也有一部分來自於神話崇拜。陰與陽是緣於環境而產生的古老世界觀，古人認為事物分為陰、陽兩個部分，表現形式是對立統一的，其中陽是主導。玉是陽，又能調節陰，在自然界的生長、發展中起到了重要的調節作用。《周易 · 說卦》中講道：「乾為天、為環、為君、為父、為玉、為金……」認為玉同天、君、父一樣是事物發展中的主導。《大戴禮記》中記載：「玉在山則木潤，川生珠則岸不枯，珠者陰中之陽也，故勝水，玉者陽中之陰也，故勝木。」認為玉利於自然界生物的繁衍、生息。

古代玉器在不同時期有不同特點，據此可分為新石器時期、商到西周時期、春秋至南北朝、隋以後、明、清等幾個發展階段；按其功用主要有通神、禮儀、佩戴、用具、喪葬等幾方面，不同時期側重點有所不同。

遠古時，古人用玉來通神，以為神也要使用玉，人身若佩有玉製成的法器，便可與神對話。安徽省含山縣凌家灘遺址出土的玉龜殼為背甲與腹甲兩塊，其間夾有一塊玉板，板上有陰線環形及放射形圖案，對此作品圖案所表示的內容，學者們有多種推測，但學者們比較一致的看法是作品的用途是巫祝用來占卜事務或作法的工具。

新石器時期的玉器主要有幾何形玉器和動物形玉器。幾何形玉器造型來源於兵器和生產工具，又以方柱形器、鏟形器、環形器、弧形器最為普遍，並以這四種器形為基礎，形成了後來的禮器系統。動物形玉器以佩玉為多。

夏、商、西周時期玉器製作突破了區域性限制，有了較大範圍內的統一風格和使用方式，確定了玉器的禮器系統、佩玉系統的基本風格。

古人將禮解釋為「履」和「體」，有辦法、制度的含意，《周禮》記有：「以玉作六器，以禮天地四方：以蒼璧禮天，以黃琮禮地，以青圭禮東方，以赤璋禮南方，以白琥禮西方，以玄璜禮北方。」依據這一記載，人們又把璧、琮、圭、璋、琥、璜稱為禮器。另外，商周玉器中又有較多的玉刀、戈、鉞、戚、鏟，應是與六器配合使用的玉器。這一時期，禮儀用器在玉器中所佔的比重很大，明顯表現出它的重要地位。漢代之後，很多朝代在祭祀活動中都使用了玉禮器。

夏、商、西周玉器多採用長線條陰線裝飾。夏代玉器多用長條紋，商

代玉器多用折線紋，西周玉器則多用弧線紋裝飾，少量的玉器上裝飾有凸起的線條圖案。商代以後，玉器上較多地使用了動物圖案，商代的動物圖案與玉器形狀相統一。西周玉器上出現了與器物形狀無關的獨立圖案，主要為鳥紋、獸紋、龍紋、人紋，圖案有較為統一的幾種樣式。

春秋以後，玉禮器在玉器中的比重明顯下降，佩玉的比重相當大，古代流行的雜佩系統發展到了頂點，《詩經》及其他古文獻中稱其為雜佩，佩掛於人身的前面，主要有龍形、璜形的珩，用於掛其他玉件。還有環、瑀、琚、沖牙、人獸形墜。人身兩側的佩玉有觿、韘。周以後又出現了玉具劍、玉印。

人們佩玉的目的多樣。在一定的場合，佩玉和執玉能表明身分，《禮記》上講：「天子佩白玉而玄組綬，公侯佩山玄玉而朱組綬，大夫佩水蒼玉而純組綬，世子佩瑜玉而綦組綬，士佩瓀玫而縕組綬。」不同身分的人佩玉和執玉不同。有學者認為，根據這一記載，在這一階段，士以下的階層是不佩玉的。在一定的情況下，佩玉又表明人的情趣和修養，「比德於玉」就是人們在這方面的一種重要追求。

此階段的玉器對玉材的要求較高，突出了材質的溫潤。並且，此階段的玉器小巧而精緻，紋飾滿而密，將單元圖案進行二方排列或四方排列，形成圖案組合，穀紋、蒲紋、臥蠶、勾雲、蟠螭、獸面，形成了中國玉器的古典風格。自春秋到南北朝，延續了數百年，南北朝時出現了變化。

唐以後，自然與寫實成為玉器的主流風格，玉器的品種也發展到社會生活用具等各式面向。考古發掘中的大墓多玉現象發生了改變，帝王用玉而士以下不用玉已成為不可能出現的歷史。「舊時王謝堂前燕，飛入尋常

百姓家」，玉器平淡無奇，卻充滿了發展的活力，各種自然現象出現在玉器的圖案之中，鳥獸、花草、樹木、山川，都成爲玉器表現的對象。眞實、生動、圖案準確成爲評價玉器藝術水準高低的標準，這是一個極其巨大的變化和進步，古老的藝術注入了新的生命。唐代玉器開一代新風，延續到宋、明時期。

　　清代玉器可劃分爲清早期、乾隆嘉慶時期、清晚期玉器三個階段。北京小西天黑舍里氏墓出土的康熙年間的玉佩，選料、加工具有相當高的標準，宮廷玉器特點明顯。清代宮廷玉器是古代玉器發展的最高峰，代表作品爲大件玉陳設、玉器皿、玉圖畫、玉佩件。大件玉陳設有大玉山、大玉甕、大玉瓶、玉編磬、玉屏風，數量多，製造精。玉器皿有仿古玉器皿和時樣玉器皿，作品面平、角直、胎體均勻、圖案準確。玉圖畫多爲玉山子、玉圖屏，爲工筆繪畫的立體表現。清代宮廷玉器的特點主要表現在玉料的使用、設計、加工等方面，所用白玉、青玉、綠玉、黃玉、墨玉都有自己的特點。宮廷畫家參與了玉器設計，提昇作品的藝術性；玉器加工集中了當時最好的玉工，工具的精確度也有了較大的提高，作品有很高的工藝水準。清代宮廷玉器爲前世玉器立極，爲古代玉器的發展作了完美的總結。

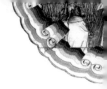

目　錄

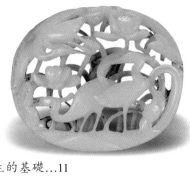

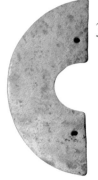

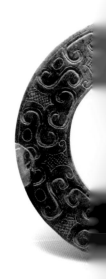

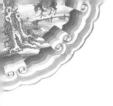

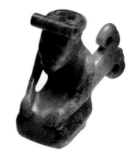

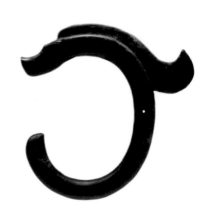

參考文獻

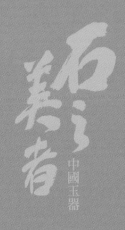

石之美者 中國玉器

①

玉器的起源與使用

▌八千年的歷史

中國古代玉器在新石器時期已很發達，其後延綿不斷，持續至今，形成了歷史最長、貫穿古今的文化現象。新石器時期在距今九千年前至四千年前，當時的人們分別居住在各地，尋找生存條件較好的地區，隨著條件的變化而遷徙，人數很少，分為不同的人群聚落，有不同的生活習慣、生產方式和語言特點，形成了不同的文化。現代人根據他們的文化遺存發現地對其文化進行命名，如興隆窪遺址發現的文化命名為興隆窪文化。

興隆窪遺址在內蒙古東部赤峰市的敖漢旗，發現的玉器以玦、鑿、璜最為常見，這些作品應該同原始宗教、禮儀活動和美感表意有密切聯繫。（圖1-1）玦所用玉料為青黃色透閃石玉，微透明，同其他玉器用料基本一致，玉材細膩溫潤，同中國傳統的玉材選擇標準相同，這說明遠在八千年前已經形成的玉概念一直影響到今日。玦所用的這種玉料應產自遼寧省岫岩縣，玉料產地距玦的發現地已相當遠。玉料在岫岩縣主要有兩種狀態，一種是生長在山上的礦脈，一種是經水流將山裏的玉礦沖到山下的沖積平原，成為玉子散落於泥土、石子中的玉礦，玉子表皮已風化，在當地稱為河磨玉。

3

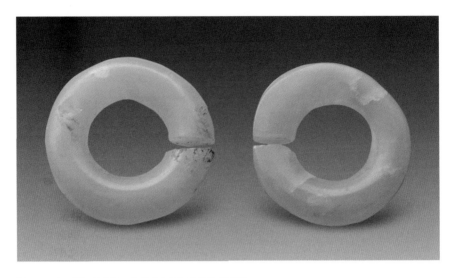

圖 1-1　玦，興隆窪文化，內蒙古自治區敖漢旗興隆窪
原始聚落遺址出土（孔蘭平／攝）

清末學者吳大澂將這種「如環而缺」的玉器叫作玦，隨
後考古學界便沿用了這種叫法。玦是中國玉器中出土
最早、數量最多、分佈範圍最廣泛的玉器，甚至在東
亞地區也多有出土。據此，學術界認定出土於頭顱兩
側的玦就是耳環。出土於 8000 多年前的興隆窪玉玦是
迄今發現的世界上最早的環形器。

興隆窪玉器的玉料是經過採集揀選的，主要應是河磨玉。興隆窪距岫岩縣
遠若千里，玉料不管是經輾轉交換而來還是專人採辦，都非易事，僅此便
可知當時玉料的珍貴。

　　新石器時期玉器的大量出現，是在距今五千年左右的時候。在東北紅
山文化、山東大汶口文化、安徽凌家灘文化，以及稍晚一些時候的山東龍
山文化、太湖地區的良渚文化、江漢地區的石家河文化，甘肅、青海一帶
的齊家文化等遺址的考古發掘中都發現有大量的玉器。

1. 紅山文化玉器

　　紅山文化距今五千年至六千年，延續發展的年代可能還要晚一些。最

初發現於內蒙古赤峰市的紅山，因此得名，分佈範圍包括遼西、內蒙古東部及河北北部地區。遺址中發現的主要玉器有玉龍、玉鳥、玉龜，馬蹄形器、勾雲形器、方板形器，還有連璧和環鐲等。（圖 1-2）（圖 1-3）

圖 1-2　環形佩，紅山文化，北京市文物公司藏

紅山文化最具代表性的器物是神祕精美的玉器，環形佩就是其一。據考證，這一時期以環形圍溝圍護的早期防城已出現，這標誌著人們逐漸提高了對一些器物造型的認識，並將之應用於器物的製造中，隨著鑽孔技術的出現而發明創造出了環形，從而在作為繫掛於身之物的玉佩上也得以反映。

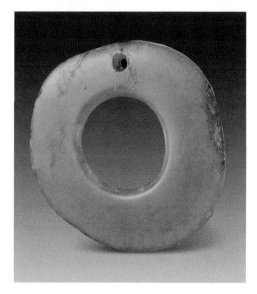

圖 1-3　勾雲形佩，紅山文化，首都博物館藏

勾雲形佩可能是部落首領或者巫師溝通天地和鬼神的神器，是勾形和環曲形的結合體，表現出雲氣的流動感和運動感，因形體碩大，琢磨精緻，造型奇異，獨具神祕色彩而成為紅山文化玉器的代表器形，有專家認為這是祭禮所用，是標誌著夏、商、周禮器的雛形之物。

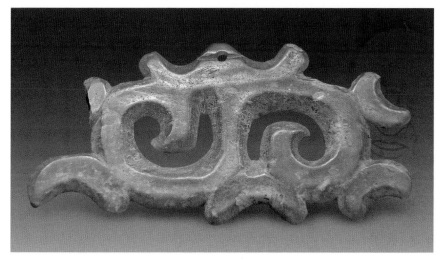

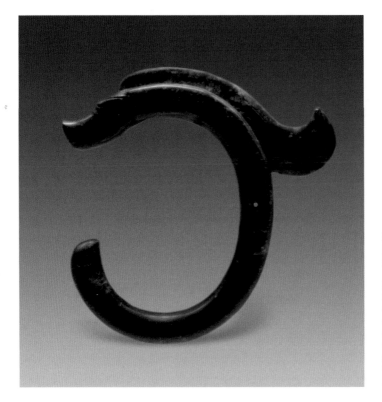

圖1-4　玉龍，紅山文化，1971年內蒙古赤峰市三星他拉村採集（劉兆明／攝）

紅山文化的玉龍是中國早期玉雕工藝的代表作品之一，是迄今中國發現最早的以玉為原料琢製而成的龍的形象。由於它已經具備了龍的基本特徵，而且是現在發現的最早的玉龍實物，因此被譽為「中華第一玉龍」。

　　紅山文化遺址發現的玉龍，是目前所知年代最早的玉龍，發現於內蒙古東北部，接近遼寧地區的翁牛特旗三星他拉村。玉龍高26公分，玉質深綠色，近似岫岩玉。龍為回柱形，細長身，無腿，身向前捲曲呈「C」形，頭較小，長嘴，吻部前伸，略向上翹。閉嘴，上下唇以一條陰刻線界出，嘴角極長。鼻近似豬鼻，鼻端與嘴平，端面為橢圓形。鼻孔為雙圓洞。雙眼凸起於額頂，呈稜形，細且長，前寬後窄，中部有一細長陰刻線。額及頜下陰刻細密的方格網紋，網格為規正的小菱形。頭頂至頸脊有一條長鬣，長21公分，佔龍體長度的三分之一，鬣呈扁薄片狀，上緣似刃，兩側有圓滑的凹槽，鬣端部變寬，端頂尖而上捲，龍身中部有一穿孔。（圖1-4）

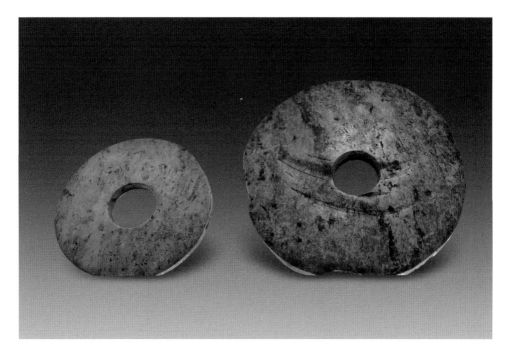

圖1-5　玉璧，新石器時代，江蘇南京博物院藏 (樹莓／攝)

璧是古人用來祭祀「天」的禮器，早在六千年前，大汶
口文化先民就選用上乘的玉料，精心磨製了玉璧。標
誌著「天圓地方」的思想在那時就已經開始形成。

紅山文化遺址發現的玉器，動物造型較多，且多被神化，說明當時漁
獵活動在經濟生活中佔有重要地位。

2. 大汶口文化及山東龍山文化玉器

大汶口文化距今五千年至六千年，主要分佈於山東，北及遼東半
島，南達蘇北、安徽。山東龍山文化是大汶口文化的直接延續，距今約
三千五百年至四千年，分佈與大汶口文化略同。玉器主要有玉鏟、牙璧（璿
璣）、玉玲、玉環、玉璋、人面紋飾、玉刀、玉圭和玉珠。（圖 1-5）（圖 1-6）

山東日照兩城鎮採集的玉圭，是龍山文化最有特點的玉器，作品長

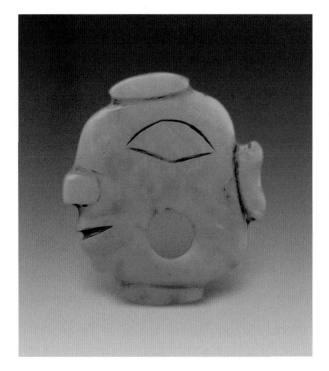

圖 1-6　人面玉頭像，龍山
文化，1976 年陝西神木縣
石峁龍山文化遺址出土，
陝西歷史博物館藏（郝金剛
／攝）

這件人面玉頭像是龍山文
化時期唯一一件考古發掘
的人頭形玉飾。玉人頭像
可能是原始人用來辟邪或
在巫術中所用的面具。從
考古發掘的資料來看，人
面具在宗教活動、祭禮儀
式或辟邪等時所用，戴在
身上或嵌入裝飾品上，可
以達到「運送」靈魂的目
的。玉在古代是被視為山
之精髓的美石，「有超自
然的能力」，以玉製成的
面具對邪惡的東西更具有
威懾的力量。

17.8 公分，寬 4.9 公分，厚 0.5 公分，發現時與其他四件玉器埋在一起，作
品斷為兩截，顏色變化完全不同，一段灰白色，一段青綠色，圭上有陰線
獸面紋，紋飾無邊廓，象徵性的眼，周圍有勾連陰線紋，線條複雜，圖案
變形且抽象。

3. 良渚文化玉器

　　良渚文化因於浙江餘杭縣良渚鎮遺址發掘而得名，主要分佈於江蘇北
部到浙江南部，距今三千三百年至五千年。良渚文化玉器雕刻之精和使用
量之大都是空前的。其玉器主要有琮、璧、璜、錐、管、墜及其他佩飾。
最引人注目的是琮與璧。玉琮為方柱形，兩端間有通孔，主要為高大形、
矮形、薄筒形和小玉琮四種形式。（圖 1-7）高大形玉琮寬可達十公分，高幾

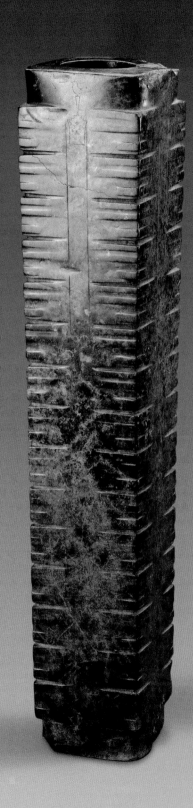

圖 1-7　獸面鳥紋琮，良
渚文化晚期，首都博物館
藏

典型的良渚文化玉琮往往
在四角雕刻獸面紋，有些
玉琮四邊正中刻神人獸面
紋。規整的造型、細膩的
雕琢與威嚴的神像，使得
玉琮具有一種莊重、神
祕、肅穆之氣。對玉琮用
途的猜測目前不下 20 多
種。一些學者認為，琮是
一種溝通天地的法器，上
大和內圓象徵天，下小和
外方象徵地，外表的神人
獸面紋象徵當時的巫術活
動情況。

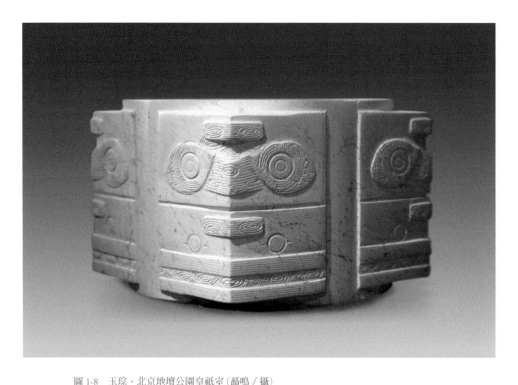

圖 1-8　玉琮，北京地壇公園皇祇室（磊鳴／攝）

玉琮與宗教祭祀、財富權力有關。《周禮》中曾有「蒼璧禮天」、「黃琮
禮地」的說法。東漢鄭玄注「璧圓像天，琮八方像地」，玉琮千年來一
直被認為是統治階級祭祀蒼茫大地的禮器。

十公分，最多分為十五或十七節。小玉琮則極小，有些僅高 2 公分。琮外
表分節，每一節都以四個角為面部中線，雕四個人面紋或獸面紋。獸面的
雕法很多，簡單的僅有象徵性的眼、嘴、鼻，複雜的則以眼為中心進行多
層次的刻畫。玉琮分節及眾多的人面紋、獸面紋最引人注意，紋飾有複雜
的排列成組方式，異常神祕，引起多種使用方法的猜測。有人認為琮是巫
祝使用的法器，有人認為是部落首領用來連通天地的神物，還有人認為琮
的分節是表示世系與圖騰。（圖 1-8）

█ 原始玉雕審美特徵及其產生的基礎

　　新石器時期的玉器有如下幾方面的審美特徵：其一是從審美角度確定玉材的優劣。我們看到，無論紅山文化的岫岩產玉，良渚文化使用的本地產玉，還是其他文化所使用的石料、玉料，無一不經過選擇，在這一選擇中，美觀要優先於硬度，這說明當時人們對玉與石的區別已有較深刻的認識。《說文》把玉解釋為「石之美」，這一認識可溯源至新石器時期，也說明由「玉石不分」到玉石分開的認識轉變是在新石器時期完成的。

　　其二是追求對稱、光澤、平滑和造型的靜態化傾向。玉器製造時，只有經過精心磨製，玉質的天然色澤和紋理才能充分表現出來。因而器物表面的平滑、溫潤和光澤是器物製造時追求的重要方面。這種對表面光澤的追求同玉雕的靜態化相呼應。

　　靜態化傾向主要表現在玉雕體系中幾何形體的大量出現。方、圓、弧、立方等幾何形體器物的邊緣，使用的多為直線或弧線，很少使用帶有流動感的波狀線。（圖 1-9）動物造型側重形狀而不重視動態，在形狀表現上，又重視對稱形體的表現。紅山文化的玉龍，只是把頭部表現出來，而身體為

11

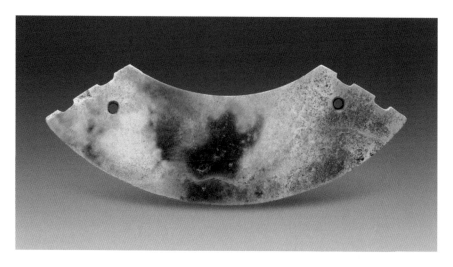

圖 1-9　青玉獸形佩，春秋時期，河南新鄭博物館藏（聶鳴／攝）

春秋玉器是西周玉器的繼續和發展，早期仍善用雙陰線來刻畫圖紋。這種獨特的雙陰線工藝及「形中有形」的裝飾手法可謂春秋早期玉器的一大特色，後隨著審美情趣、意識觀念的改變而逐漸消失，晚期至戰國早期盛行的是雲紋、穀紋、蒲紋、乳釘紋等工整規律的幾何紋樣。

環形，不再細緻刻畫，這些都有一定的靜態感、穩定感。

　　其三是玉雕的平面化傾向。主要有如下表現：第一是扁平器物數量極多，遠遠超過立體器物。第二是器物發展趨於平薄，即器物越來越薄，到了龍山文化晚期，出現了寬近十公分、長幾十公分、厚度僅約幾公厘的薄形玉刀，其長寬與厚度的比例，足令後代治玉者望塵莫及。第三是立體形態的平面表示。目前發現的原始社會的立體玉器不多，即使是圓雕器物，多數也是由幾個平面相接而成，這在玉琮上表現得尤為突出。

　　古玉器審美特徵包含著極豐富的內容，這裏舉出的只是最一般、最普遍的特徵，這些特徵的產生主要有以下原因：

　　第一個原因是裝飾材料向玉石集中和石器製造中對材料的審美選擇。在原始人的勞動物件中，可用於裝飾的材料多種多樣，第一類是角骨材料。

在一些原始文化遺址中，曾大量出土過有人工穿孔的獸牙，這些獸牙可能表示佩戴者同野獸搏鬥的功績，也可能有其他含意，但可以肯定的是它是裝飾品。舊石器時期山頂洞人曾佩戴獸牙作爲項飾，而且全部選用犬齒，這表明人們製作裝飾品時對角骨類材料的形狀及使用功能的注重。第二類是蚌殼類材料。大溪文化、河姆渡文化及我國東南沿海原始文化遺址都出土過蚌殼類裝飾品。另外，羽毛、獸皮、竹、木等材料雖很難保留到現代，但肯定在原始人類裝飾史上佔有相當重要的位置。

但是，上述諸材料同玉相比則大爲遜色，璜、玦等原始裝飾品在四川、浙江、江蘇、山東等地的新石器時期遺址出土量極大，並且具有較爲一致的加工技術，製造和使用的社會化程度也很高。玉質飾品在使用的區域範圍、普遍性、器物形式和加工方法上，是其他裝飾材料所不可比擬的。

人對玉的認識是同工具製造使用相聯繫的。在生產工具製造中，人與玉石之間的關係發生了由物質向精神的飛躍。最初，玉石向人們提供的是工具，它是人們勞動與物質生產的物件，人們對玉石的認識集中於硬度、重量等方面；而它的色澤、紋理對人來說是一種異己的力量，紋理華美、色澤鮮豔的石料可能因爲硬度差被棄而不用。如同恩格斯指出的「隨著勞動而開始的人對自然的統治，在每一新的進展中擴大了人的眼界，他們在自然物件中不斷地發現新的、以往所不知道的屬性」。當人們的審美認識從動植物美發展到礦物美時，玉石便成爲人們精神生活的物件，它的色澤和紋理，對人就不再是異己的力量，而成爲人們意識的一部分，成爲「人的精神的無機界」。人們對玉的認識也從玉石不分進入玉石分開階段。

第二個原因是原始造型藝術的發展，逐步達到追求形式美的階段。原始造型藝術諸形式中主要含有三方面內容：第一方面是與原始狩獵活動、原始畜牧業及原始農業相聯繫的動植物摹寫；第二方面是在容器用具中表現出來的形式追求；第三方面是房屋建築與生產加工中的形體美追求。這

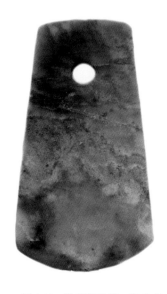

圖1-10　青玉斧形器，齊家文化，四川成都文殊坊中華古玉博覽中心（劉筱林／攝）

玉斧既象徵權力，又標誌著財產的豐厚，具有實用性。此件作品顯示出玉斧由實用工具向禮儀用器的轉化，爲新石器時期齊家文化的典型作品。

三方面內容，最初都受與之相關聯的生產實踐制約。但是，隨著生產實踐的發展，這種形式上的追求同實用功利出現了矛盾，以至由原來對實用功利的追求轉而變爲純粹的形式美追求，這一變化也正是玉器從石器中獨立而出的邏輯過程。

舊石器時期晚期，工具就有了定型化傾向，表明人們對於製造具有共同性的東西有了初步認識，這首先是對於工具製造的技術性認識，其次是一種緩慢地、不自覺地發展著的審美意識。

新石器時期，隨著農業工具的發展，磨製石器的技術極大地提高了，光滑、平潤、均勻以及形式上的對稱、形狀的準確成爲對一般工具的普通要求，這種要求的目的是提高工具的使用效力。（圖1-10）這些特徵一旦被認識便成爲一種觀念，這種觀念既包含了對科學技術的掌握，又包含了一種審美意識，這種意識同樣指導著工具的製造，它同一定的技術、材料相結合便形成了工具的外在品質。

美化工具的活動，其被美化的對象畢竟是工具，要受到使用的制約。當時工具的製造和使用都是個體的，在製造或使用過程中，一旦某一件工具的外在品質積累超常或對美的追求有了特殊的新的趣味，它付諸實用的可能性便相對減少，這種觀念就爲工具擺脫使用的制約提供了可能性。當社會發展到需要那種不直接使用於生產的玉器時，這些審美觀念便擴大了自己的對象，同更複雜的社會生活聯繫起來，形成一種更完整、更自覺的形式美的追求。

▌古代使用的玉材

古人所講的玉，是美石中的一種。《說文》稱玉為「石之美，有五德」。鑒定一塊石頭是否是玉，主要從色澤、質地、硬度幾方面考慮。從現存古代玉器實物來看，不同的時代，人們對玉材的選擇是有所區別的，但總的方向是向新疆和田玉代表的透閃石玉集中，最遲在漢代，「玉」的代表性礦物即就選用的透閃石玉而言了。

早在新石器時期，我國已廣泛使用各種玉石材料，但玉材使用的區域性較強。不同地區的原始文化對玉材的選擇不同，山東大汶口文化和由大汶口文化發展而來的龍山文化，玉器多以質地細膩、不透明、光澤溫潤的石料為原料；江浙地區的良渚文化，以淡綠色或青色的透閃石為主要原料；東北地區的紅山文化則以岫岩縣出產的玉為主要原料；分佈於四川成都地區的原始文化早期玉器，大量使用一種質地細膩帶有斑紋的岩石和另一種質地較軟表面呈灰黑色的沉積岩為材料。這些不同地區的不同文化，在玉材選擇上都遵循了一條共同的原則，就是不僅重視材料的質地，而且注重色澤、紋理、光亮等外在特徵。

在原始玉雕中，以紅山文化選用的岫岩石材質最優。岫岩石或稱岫岩玉，因產於遼寧省岫岩縣而得名。組成岫岩玉的主要成分是透閃石和蛇紋岩。透閃石莫氏硬度 6.2 度，比重 2.95，蛇紋石莫氏硬度 2.5—5.5，比重 2.5—2.8，質地細膩。

商代玉器，玉材多樣，有岫岩玉、南陽玉，還有新疆和田玉。南陽玉因產於河南南陽地區而得名。這種玉質地細膩，色澤鮮豔，硬度也較高。南陽玉的組成主要是斜長石，還含有黝簾石、綠簾石等多種礦物。

新疆和田玉又稱軟玉，主要由閃石族礦物組成。許多學者認為，狹義的「玉」應僅限於和田玉。和田玉較其他地區的玉質地更細膩，色澤更溫潤。按顏色差別，和田玉可分為以下幾類：

白玉，質純色白，上等白玉的光澤、色彩如同油脂，稱為羊脂玉。一般白玉都微帶青色，較羊脂玉稍遜一籌。（圖 1-11）（圖 1-12）

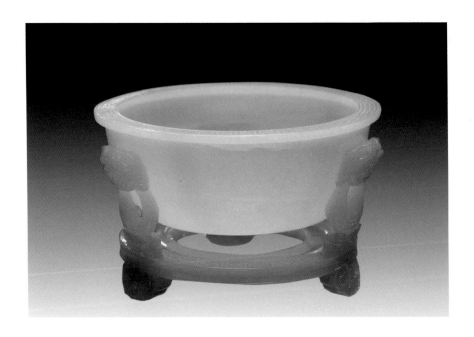

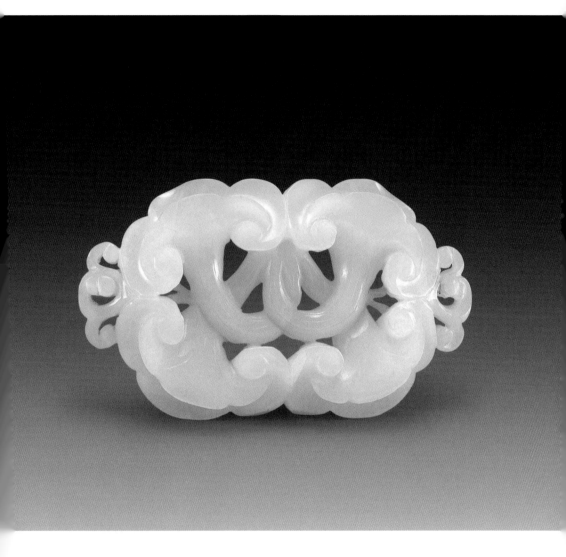

圖 1-11　御製青白玉帶托三足盆，清代，許國文先生藏（王達寧／攝）

這件玉器是仿古玉器皿，顏色勻淨，質地細膩，體現了對至美玉器的追求。清代宮廷玉器大部分都是用新疆和田地區一種顏色介於白色和淡青色、淡綠色的軟玉即青白玉來根據內容的需要製作。當時爲宮廷製作玉器的有多處，北京的皇宮造辦處，還有蘇州和揚州最有名。

圖 1-12　凌霄花嵌飾，元代，1962 年北京新街口外小西天清代黑舍里氏墓出土，首都博物館藏

這是北京地區迄今出土的唯一一件用羊脂玉做成的凌霄花形嵌飾。羊脂玉又稱「白玉」，爲軟玉中之上品，所謂白璧無瑕即指此類玉，它既象徵「仁、義、智、勇、潔」的君子品德，又象徵著「美好、高貴、吉祥、溫柔、安謐」的世俗情感。在古代有「天子佩白玉」的規定。這件玉飾其色白如凝脂，潤澤秀麗，極爲珍貴。

17

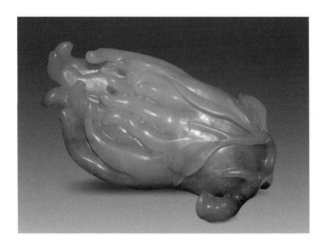

圖 1-13　黃玉佛手，清代
乾隆年間，廣州廣東省博
物館新館自然資源展覽地
質地貌館寶石館展品（草
草／攝）

佛手為一種果實，因與
「福」諧音，故常與桃及石
榴被當作多福、多壽、多
子的吉祥物。此物選材精
良，造型豐潤鮮活，與深
色器座相配，莊重大氣，
為清中期玉器的代表作。

　　黃玉，玉材中最名貴的一種，
由淡黃至黃，色澤不盡相同。名貴
的黃玉色澤純正，材料極其難得。
（圖 1-13）

　　碧玉，色如菠菜葉，略有透明
感。由於所含成分不同，其間包含
了各種不同的層次，色彩較淡的碧
玉稱為菜玉；色彩深的呈墨綠色或
近於墨色，只是在強光照射下才透
出綠色。有些碧玉中還帶有銅礦斑
點。（圖 1-14）

　　墨玉，或為黑灰色，在青玉中
帶有集束墨點，有人稱為青花，多
數與青玉相雜，或純黑如墨，但很
難見到。（圖 1-15）

圖 1-14　碧玉雕龍紋執壺（莫健超／攝）

執壺是一種酒器，出現於中唐時，其功用
主要是向酒杯中注酒，故又名注子。金托
玉執壺為明代萬曆皇帝朱翊鈞生前飲食用
器皿，整體器物沉穩古樸，是明代一種極
具特色的玉器。

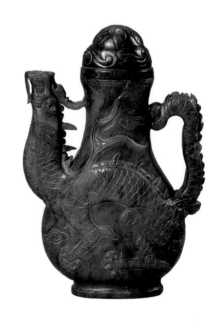

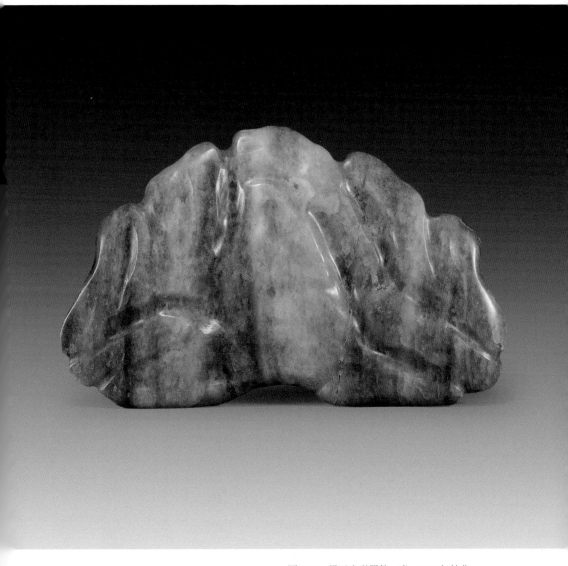

圖 1-15　墨玉山形擺件，唐，1981 年於北
京豐台區王佐鄉唐代史思明墓出土，首都
博物館藏

墨玉是一種珍貴而稀有的自然資源，唐代
史思明墓出土墨玉山形擺件玉質略帶石性，
有自然黑白紋理，正面加工成五峰山形，
微有起伏，以示溝壑交縱，表現出一代梟
雄染指江山的欲圖。

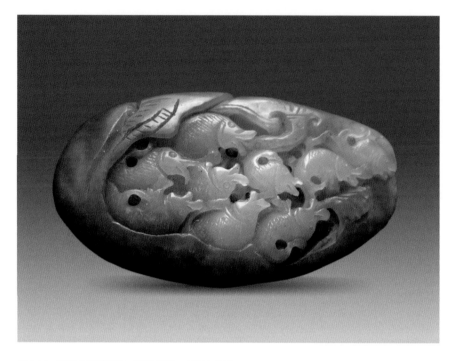

圖 1-16　糖玉九鯉溪佩件，現代作品，上海小北門
地區萬商古玩舊貨市場（蔣振雄／攝）

受某種物質浸染而形成紅褐色，因其顏色相似於紅
糖的玉被形象地稱為糖玉。此九鯉溪佩件就是採用
糖玉內部主體部分，巧妙地將福建九鯉溪的山石景
緻維妙維肖地雕刻而成的一個佩件。

　　糖玉，色如糖梨之皮，多與青玉相連，塊較小，很少見到較大的作品。
（圖 1-16）

　　青玉，玉材中數量最大。從白玉中略帶天青色，色彩漸深，直到灰色中
略帶灑墨斑點，都稱青玉，青玉中包含了極複雜的色彩層次。（圖 1-17）（圖 1-18）

　　春秋戰國時期，玉器用材非常複雜，但和田玉的用量明顯增大。

　　漢代張騫通西域後，和田玉大量進入中原地區，同時使用的還有藍田
玉。藍田位於陝西省西安地區，自古以產玉而聞名。古代地理及文學書籍中

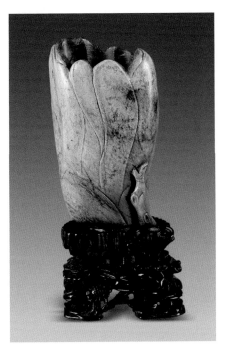

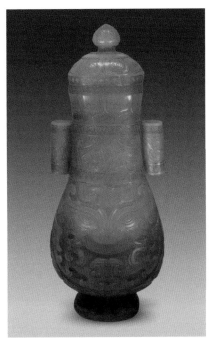

圖 1-17　青玉玉蘭花插，明代（許旭芒／攝）

此花插的造型爲一朵盛開的玉蘭花，花蕊處即是
花插的腹部。玉蘭花周圍雕有五朵花蕾，枝莖盤
結爲插座。插座處的玉色青碧，向上漸白，此乃
依玉料之色作巧雕。花、花蕾與枝杈的組合十分
巧妙，使這件玉蘭花插顯得亭亭玉立，生機盎
然。

圖 1-18　青玉描金饕餮紋蓋瓶，清代，2011 年
廣州西漢南越王博物館文物展「交流・融合・
傳承──旅順博物館藏亞洲文物展」（馮冬莉／
攝）

瓶爲清代重要的玉器陳設品，多爲扁形，上下
腹部寬窄不一，瓶兩側飾有不同造型的雙耳，
並套有活環。器形變化多端，有四方形、八方
形、斜方形等不同形狀。青玉描金饕餮紋蓋瓶，
瓶腹較寬，兩面開光，上雕饕餮紋，獸面刻畫
生動清晰，表現出皇家的威嚴莊重。

有很多記述，《紅樓夢》第三十七回中史湘雲和白海棠詩還以「神仙昨日降
都門，種得藍田玉一盆」爲句，對藍田玉加以稱道。宋應星《天工開物》提出：
「所謂藍田，即蔥嶺出玉之別名，而後也誤以爲西安之藍田。」認爲古人所
講的藍田玉並不產於藍田，後人也有支持他這一說法的。近幾年，陝西藍田
地區開採了玉礦，玉料近似大理石，但顏色較爲純正，多呈青白色，有些還

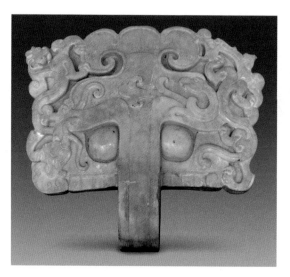

圖 1-19　大玉鋪首，漢代，1975 年漢武帝茂陵附
近興平市道常村出土，陝西省咸陽市茂陵博物館藏
（李軍朝／攝）

秦始皇時，得藍田水蒼玉，命李斯篆文，製爲玉璽，
從此藍田玉備受青睞，漢茂陵大玉鋪首就係藍田玉
製作。鋪首是安裝在大門上銜門環的一種底座，是
中國傳統的大門裝飾。帝王宮殿大門上的鋪首，形
象多爲虎、螭、龜、蛇。寓意是星宿守門，能預知
凶吉。也有用瞪目張口的獸頭作爲鋪首的，既有守
門之意，又顯示了皇家建築的偉岸與壯觀。

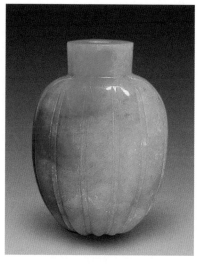

圖 1-20　翡翠煙壺，清代（莫健超／攝）

鼻煙壺的使用主要是在清代，在當時宮廷達
官貴人間風行。清前期的作品以方、圓類型
爲主，後期的作品形狀多變化。乾隆時代的
玉質鼻煙壺不僅選材精嚴，做工也特別講
究。今日所見有花紋的古代玉壺十分之九爲
乾隆朝所產。

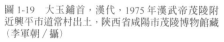

帶有墨綠色條紋，這種玉同某些漢代玉器質地近似，例如已被發現的漢茂陵
大玉鋪首（圖 1-19），說明古代就曾開採過這種玉。

　　漢以後，玉雕主要以新疆玉爲原料，宋代出現了較多的瑪瑙器，清代
又較多地使用了翡翠。翡翠又稱爲硬玉，主要產於緬甸，莫氏硬度爲 7，
比重 3.33，化學成分主要爲二氧化矽、氧化鋁、氧化鈉，還含有少量的氧
化鈣、氧化鎂、三氧化二鐵及微量的鉻、鎳。翠玉是非常珍貴的玉石材料，
質純色正的翠料尤爲難得，價格也異常昂貴，一般多用來做首飾。（圖 1-20）
（圖 1-21）

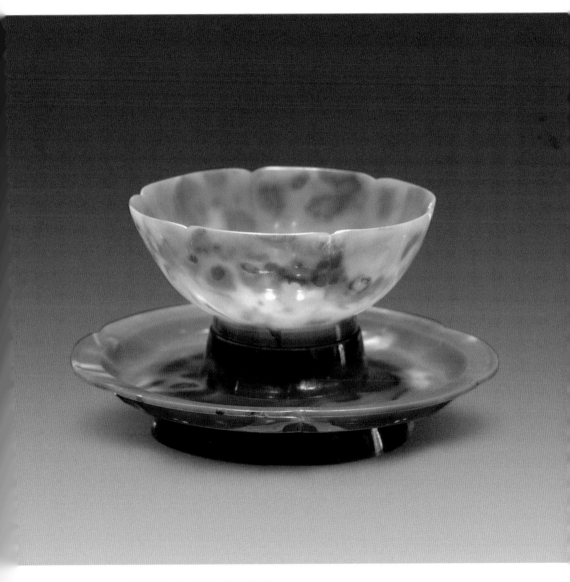

圖 1-21　玉雕瑪瑙葵花式托碗，清代，北京故宮博
物院藏（聶鳴／攝）

乾隆年製的玉雕瑪瑙葵花式托碗可以說是集歷代玉
雕成就之大成。瑪瑙是玉髓類礦物的一種，因其原
石外形和馬腦相似，因此稱它為「瑪瑙」，兼具瑰麗、
堅硬、稀有三大特徵，自古被視為美麗、幸福、吉
祥、富貴的象徵，且種類繁多，素有「千樣瑪瑙萬種
玉」之說，是古代七寶之一，常用做飾物、陪葬物或
玩賞用。

▌古代玉器的主要品種和使用

　　按用途而言，古代玉器可分為禮器、兵器、佩飾、隨葬玉、玉器具、玉陳設等幾類。這幾類玉器，除了玉禮器有極大的穩定性，幾千年品種變化不大外，其他幾類都依時代不同而發生品種變化。

　　所謂禮，在古代主要指祭祀活動，另外還包括朝享、交聘、軍旅等禮儀活動。《周禮》說：「以玉作六器，以禮天地四方：以蒼璧禮天，以黃琮禮地，以青圭禮東方，以赤璋禮南方，以白琥禮西方，以玄璜禮北方。」璧、琮、圭、璋、琥、璜這六種玉器，即所謂的玉禮器。

　　玉兵器主要出現在商、周、漢代，以商前期最突出，主要品種有玉戈、玉刀、玉戚、玉鉞、玉斧。春秋戰國乃至以後時代，除仿古玉器中有少量作品外，這幾種玉器就很少見到了。（圖 1-22）

　　玉佩飾是人身佩玉，產生於原始社會，隨著社會的發展而變化，可分為身前佩玉和身側佩玉。身前為雜佩體系，主要有珩、沖牙、璜、環、玉人、玉龍，頭部有玉簪、帽正、耳飾，佩玉還有觽、韘、玦、玉帶飾及各種佩、墜。

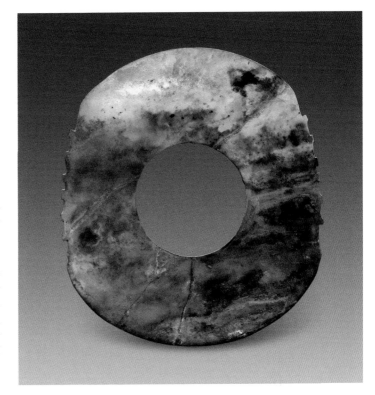

圖 1-22　玉戚，商代，河南安陽市高樓莊出土，河南博物院藏（聶鳴／攝）

玉戚是古代一種象徵性的武器，是氏族首長或部落聯盟首領執掌王權的象徵物，始終保持著古代統治者的尊嚴。玉戚也是古時一種禮器，所謂的「藏禮於玉」，就充分反映了玉器深層次的文化內涵。玉戚還是儀仗玉之一，也作為儀仗之用。

　　玉喪具是指喪葬用玉。葬玉的風俗產生於新石器時期，幾經滄桑，在封建社會玉喪具仍久用不衰，其品種有玉塞、玉握、玉琀、玉衣等，還有玉璧、玉枕及應時的玉陪葬品。

　　玉器具在商周之時就有，據文獻記載，戰國時期已廣泛使用。目前能見到的商代玉器皿僅是簋。戰國及漢代，玉角杯、玉樽、玉燈、玉羽觴、柱狀杯等也較常見。宋以後，玉杯、玉碗、玉瓶、仿古玉器皿大量出現，餐具、文具、酒具等品種激增。到了清代，玉器皿品種、數量達到鼎盛。

　　玉陳設主要是玉山、玉屏、器皿、玉動物、玉人等器物，室外玉陳設較少，主要是室內陳設，以清代最多見。

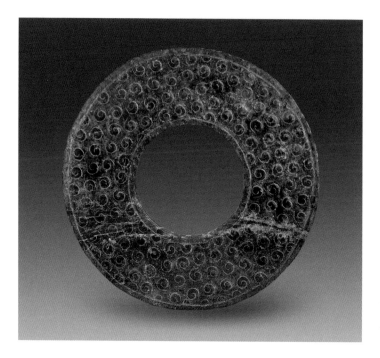

圖 1-23　碧玉蠶紋璧，戰國（莫健超／攝）

玉璧在商周用以祭天，屬禮器。有學者認為璧頂於琮上，孔門相對，以此祭祀天地，以通神靈，而墓葬時用璧墊於背上，亦是此意，有助於亡者的往生。

下面分別介紹最常見的玉器品種及用途。

璧是一種圓形，片狀，中部有孔的玉器。《說文》釋璧：「瑞玉，環器也。」《爾雅》有：「肉倍好，謂之璧」的解釋。肉即邊，好即孔，邊為孔徑的二倍，便是璧。（圖 1-23）

在現存古玉璧中，肉與好有明顯倍數關係的不多。《爾雅》還有：「好倍肉，謂之瑗。肉好若一，謂之環」的說法。「環」、「瑗」也屬於璧類玉器，是一種特形璧。

璧是最重要的古代玉器，使用年代之長、品種之多是其他玉器不能比的。在古代，玉璧主要有以下幾種用途：其一為禮器，周禮有「以蒼璧禮天」之說；其二為佩玉，又稱「繫璧」，以璧為佩飾主要是在戰國至漢代；其三用作禮儀或饋贈用品；其四是隨葬用品。目前已發掘的漢代大墓，一般都

有爲數衆多的大璧。《後漢書・輿服志》有：「大行載輼輬車，四輪，其飾如金根，加施組連璧，交絡，四角金龍首銜璧⋯⋯。」天子出殯稱爲大行，由此可見喪葬用璧的情況。

玉璧的紋飾依時代不同而不同。商代璧多爲弦紋，春秋戰國至漢代，玉璧爲雲紋、穀紋、蒲紋，間或有螭紋，宋元以後，出現了各種凸雕螭紋、乳釘紋、獸面紋、花鳥紋裝飾的玉璧。

琮，立方體玉器，上下貫一圓孔，兩端沿孔邊有一周環狀凸起，是一種外方內圓的玉器。《說文》釋琮：「瑞玉，大八寸，似車釘。」由於古文獻記述的較簡練，一些人認爲琮是片狀方形玉器，而清代人把方柱形玉器確定爲琮。這種玉器最早見於新石器時期，主要出於浙江的良渚文化遺址，廣東地區的石峽文化和四川廣漢地區也有發現。商周時期的玉琮較常見，戰國到漢代，玉琮明顯減少，僅一些大型墓葬中有一兩件出土。由此推斷，戰國和漢代，作爲隨葬品使用的玉琮，有很嚴格的使用規定。漢以後各朝代的史書中，多有使用玉琮的記載，但實物很少見到。

玉琮主要做禮器用，《周禮》有「蒼璧禮天，黃琮禮地」之說。《新唐書》載：「冬至，禮昊天上帝以蒼璧⋯⋯皇地祇以黃琮，以配帝之幣皆以黃。」宋元史書中，也多有使用黃琮禮地的記載。玉琮的第二個用途是做葬器，《周禮》曰「疏璧、琮以斂屍」。鄭玄注「璧在背，琮在腹⋯⋯」。著名的滿城一號漢墓出土的金縷玉衣，在男性生殖器部位有用玉琮製成的罩子，同「琮在腹」的說法相合，說明鄭玄的說法可信。

玉圭是由原始社會鏟形器發展而來的古代重要禮器。《尚書・禹貢》有「禹錫玄圭」之說。《周禮》曰：「以青圭禮東方」，「王執鎮圭，公執桓圭，侯執信圭，伯執躬圭」，「琬圭以治德以修好，琰圭以易行以除慝」。一般說來，商周前的圓形片狀玉器通稱爲璧，長方形片狀玉器通稱爲圭，這些玉器有些頂部微隆起。東周後，方形玉圭便不多見，出現了一種既有商周

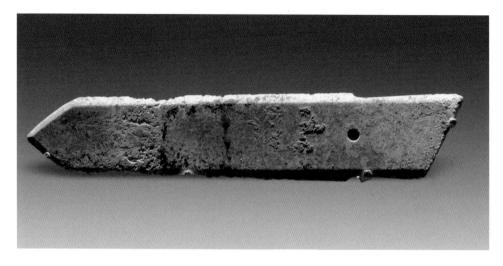

圖1-24　玉圭，秦代，北京大學博物館藏(聶鳴／攝)

古代玉圭用以祭方位神，還用以區別等級和做符節
等職能。圭的形制特點因時代不同、種類相異而存
在較大的差別。
不同名稱的圭是持有不同權力的依據，如：珍圭——
召守臣回朝，派出傳達這個使命的人必須手持珍圭
作爲憑證；遇自然災害，周天子派去撫恤百姓的大
臣所持的信物，也爲珍圭；穀圭——持有者行使和解
或婚娶的職能；琬圭——持有者行使嘉獎的職能；琰
圭——持有者行使處罰的職能。

玉圭之方形，又有商周玉戈之尖狀頂的圭，這種圭爲扁長形，頂部凸起尖
形圭角。（圖 1-24）

　　清代玉圭多爲擬古之作，乾隆時製造的信圭、躬圭、鎮圭、穀圭、介圭、
琢圭、圭璧，皆用古稱，樣式仿宋人《重集三禮圖》所繪玉圭，五花八門，
去古甚遠。

　　璋是古代禮器，《周禮》有「以赤璋禮南方」。《詩 · 大雅》有「濟濟辟王，
左右奉璋」之句，周代金文中有許多用璋的記載，璋的形狀如何？《說文》曰：
「半圭爲璋。」但半圭是什麼樣，古文獻裏沒有講，尚待進一步研究。（圖 1-25）

　　璜是出現最早的一種玉佩飾。我國東南沿海地區，河南、四川、陝西等地區的新石器時期遺址都發現過璜。璜的形狀大體分為兩類，一類為半圓形片狀，圓心處略凹，形似半璧。《說文》釋璜「半璧也，從玉黃聲」。另一類則為較窄的弧形，弧度120°左右。（圖1-26）

　　原始社會的璜是一種裝飾，一般都在兩端打孔，穿上繩繫，掛於胸前，

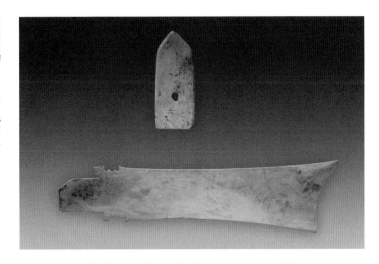

圖1-25　玉圭、玉璋，商代，河南羅山縣莽張後李村出土的玉圭與新鄭望京樓出土的玉璋，河南博物院藏（聶鳴／攝）

璋源於史前時期的挖土農具「耜」。史前玉璋發現不多，在玉禮器中的等級地位較高。周代文獻記載璋代表軍權，後世遂以璋象徵權位。成語「弄璋之喜」即典出於此。

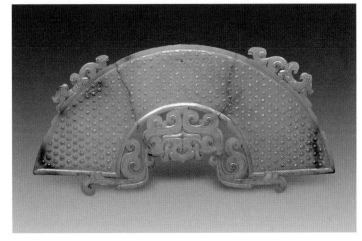

圖1-26　璜，漢代，1974年北京豐台區大葆台1號漢墓出土，北京市大葆台西漢墓博物館藏

玉璜為1／2或1／3個璧。《周禮》注釋中有「半璧為璜」之說。古人用玉或石，模仿彩虹之形，製作成「璜」。常見的佩璜兩端各有一穿孔，可供繫綬佩帶。佩璜出現於新石器時代，是女性的象徵，並僅限於個人飾件，大多為半圓形片狀，也有較窄的弧形。

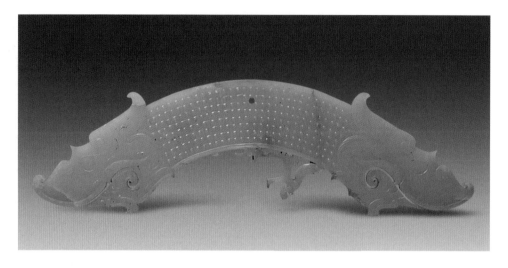

圖1-27　雙鳳穀紋玉璜，西漢，徐州獅子山楚王墓
出土，江蘇省徐州博物館藏（孔蘭平／攝）

璜在商周時期，曾是重要的禮器，《周禮》中説：「以
玄璜禮北方」。但當象徵男性權力的圭、琮和璧開始
流行後，璜更廣泛的用途則是做佩飾之用，這從古
代遺址和墓葬出土的文物中可以得到證明，在漢代
璜已完全從禮儀玉器演變成裝飾玉了。

有時要掛兩三個。有些璜，邊很薄，似有刃，可能在用餐時起助餐作用。
璜造型的起源和虹有一定聯繫。古人曾對虹產生過自然崇拜，認為虹是一
種動物，兩端為頭，虹的出現或為祥兆或為凶兆。許多戰國璜，兩端為獸
頭形，同傳説中的霓虹相似。商周以後，璜是重要的禮器和佩飾。（圖1-27）

　　玉璽，古代天子、諸侯、大夫之印稱為璽。商、周時已有印璽使用，《左
傳》：「公在楚，季武子使公冶問璽書，追而與之。」春秋戰國時璽之稱範
圍無定，秦時稱皇帝之印為璽，唐時又稱為寶。清代印製發達，宮廷有政
務印寶、諡寶、殿寶、私印、閒章等等，許多為玉製。（圖1-28）漢高祖入關，
得秦始皇藍田玉璽，印文為「受天之命，皇帝壽昌」。高祖佩之，後代稱為
傳國璽。秦、漢代還設乘輿六璽：「皇帝行璽、皇帝之璽、皇帝信璽、天

子行璽、天子之璽、天子信璽。」歷代皇帝都非常重視印璽，玉璽又是印璽的最高等級。《新唐書・車服》載：「初，太宗刻受命玄璽，以白玉爲螭首，文曰『皇天景命，有德者昌』。」又說：「天子有傳國璽及八璽，皆玉爲之。」據文獻記載：秦以前，臣下皆以金玉爲印，龍虎紐，唯所好。秦以來，以璽爲稱，又獨以玉，「秦始製璽以玉，不通臣下用」。這種臣下不得用玉印的情況，存在時間可能不很長，範圍也很小。

環，一般用作佩玉，古人云：「行則有環佩之聲。」漢代的佩玉系統中，環一般在中心部位。古人佩環主要爲了彰顯自己的品德，環周回綿繞，取其無窮，象徵著自始不渝的精神。在人際交往中，也常用環傳遞歸還、回還的資訊。據傳，林則徐發配新疆時，清帝曾賜環表示令其歸。 （圖 1-29）

圖 1-28　青玉八徵耄念之寶印

此印爲乾隆五十五年（1790），乾隆帝八十聖壽時鐫刻。取《洪範》八徵之意。又刻「自強不息」印作副章，一起使用。與「青玉古稀天子之寶」共同盛放在同一紫檀雕雲龍木匣內，匣外壁四周分刻《古稀說》、《八徵耄念之寶記》，字體填金，雕工精細。

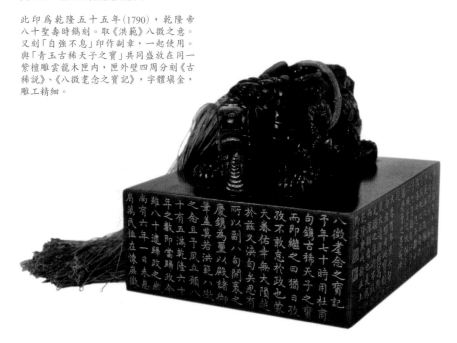

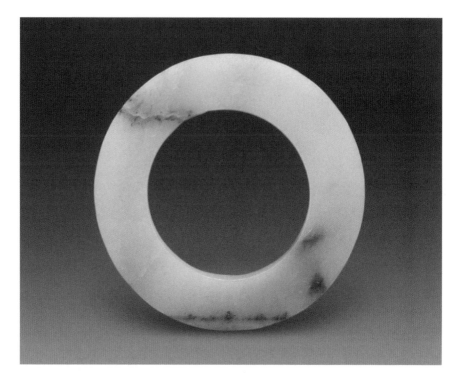

圖 1-29　古白玉環（許旭芒／攝）

這類器物最早見於新石器時期，至商代仍有延續。近年
根據考古發掘，始知它是戴在手腕上的飾物。

　　玦，古代佩飾，也就是環形而有缺口的玉器，《廣韻》釋玦是「佩如環
而有缺」。

　　玦產生於新石器時期，出於墓葬中人的耳部，可能是耳飾。屬於青蓮
崗文化的玦多光素無紋，屬於紅山文化的玦較笨重，一些形似環且帶一獸
頭，似為屈身動物，頭較大，用粗陰線雕出嘴、眼，身為光素而向前捲，
尾與嘴相近。（圖 1-30）紅山文化玦對商代玉器影響較大，商代的玦也多為屈
身獸頭形，春秋戰國時玦為圓形片狀，常飾陰線獸面紋或勾雲紋。古人使
用玦有兩個含意，一是能夠決斷事物。《白虎通》曰：「君子能決斷則佩玦。」

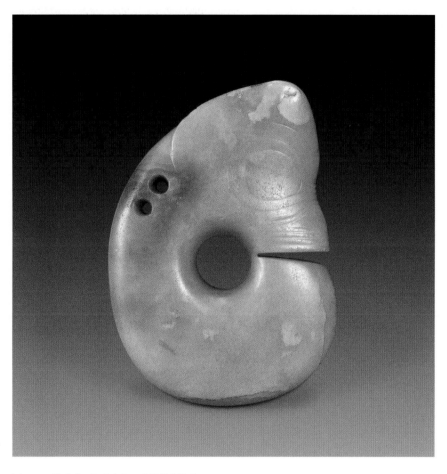

圖 1-30　獸形玦，紅山文化，首都博物館藏

玉玦形態是一隻身體蜷曲、首尾相連的奇怪動物，質地為黃色玉，表
面有紅色色斑。這件玉玦也是用一塊玉石圓雕打磨而成，穿孔的工藝
與遼寧省博物館藏的紅山文化玉玦類似。

這是佩玦的條件；二是用玦表示斷絕之意，「臣待命於境，賜環則還，賜
玦則絕」。「鴻門宴」是以玦傳遞資訊的最著名的故事，《史記 · 卷七》記
載楚漢相爭時，鴻門宴上「范增數目項王，舉所佩玦以示之者三」，暗示項
羽當機立斷除劉邦。

33

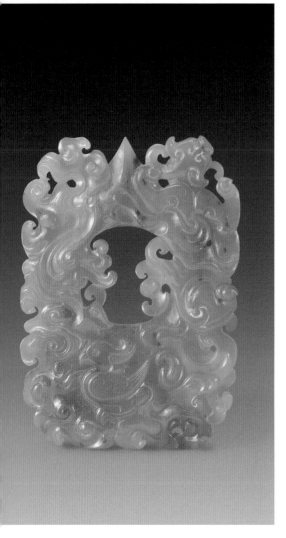

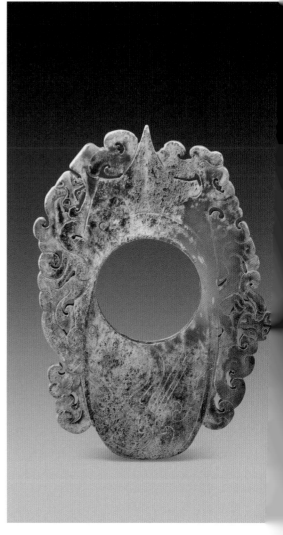

圖 1-31　碧玉螭龍雲紋雞心佩，清代，1962 年北京新街口外小西天清代黑舍里氏墓出土，首都博物館藏

玉雞心佩是漢代常見的一種佩飾。清代玉雞心佩多仿漢代的造型而製。所謂雞心，是指玉佩上端尖的部分像心臟的形狀。這件玉佩是從清代名臣索尼的孫女黑舍里氏墓出土。由於顯赫富裕的家世，此墓葬隨葬品非常豐富，首都博物館不少藏品都出自她的隨葬品。

圖 1-32　玉雕雞心佩，漢，北京崇文區出土，首都博物館藏（聶鳴／攝）

中國傳統扣弦開弓法不同於歐洲那種以食指和中指拉弦的方式，而是以戴上韘（扳指）拇指拉開弓弦。雞心佩就是韘的俗稱，最初爲射箭時用來護指的工具。隨著社會生活的發展，逐步演變成多種多樣的韘形玉佩。漢代玉韘作爲佩飾得到很大發展。

韘，古代射箭用具，《說文》：「射決也，所以拘弦以象骨韋，繫著右指。」韘又為佩飾，《詩・衛風》：「童子佩韘。」其注「能射御則帶韘」。「射」為古代六藝之一，佩戴韘是掌握射藝的標誌。商代玉韘為圓筒狀，尚能實用，戰國玉韘變為單純的裝飾品，漢代玉韘向佩飾方向演變極快，變化也很大，後人不稱其為韘，而俗稱為「螭玦」或「雞心佩」。（圖 1-31）（圖 1-32）

琀，死人口中所含之玉。琀玉中使用時間最長的是玉蟬，新石器時期就有玉蟬出現，到漢及魏晉時期，玉蟬使用得更普遍，形狀也多種多樣，簡單的僅如三稜形玉塊，一端略尖，複雜的則翅脈、足紋俱全，眼、額都飾細線勾雲紋。最常見的玉蟬呈片狀，中部微隆起，用刀極其簡練準確，作品有較大的變形。這種玉蟬在清代及近代被大量仿製。（圖 1-33）

玉劍飾，用於劍及鞘上的裝飾玉件。玉劍飾主要有四種，分別為劍首、劍格、劍鞘中部、劍鞘下部的玉飾。《詩・大雅・公劉》有：「何以舟之，維玉及瑤，鞞琫容刀」之句，由此而知周代就已有了玉劍飾。考古發掘到的早期玉劍飾為南京六合程橋春秋墓出土的玉劍格、劍柄等。漢代尤重佩劍，亦重視玉

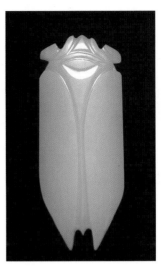

圖 1-33　蟬形琀，東漢，上海市博物館藏（孔蘭平／攝）

逝者口中所放玉蟬，稱為琀。以蟬為琀，在商到戰國墓中也偶然可見，而盛行於漢。漢代王侯貴族和達官貴人認為，人死了可以再「生」，只要將一種經過精細加工的白玉質地的蟬形物品「含」在死者口中，就能得到「重生」。這種玉蟬盛行於西漢晚期至東漢時期，取其清高絕俗、復活再生的意義。

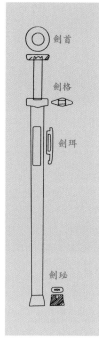

劍首

劍格

劍珥

劍珌

劍飾。明清之時，玉劍飾還在製造使用。（圖 1-34）（圖 1-35）

玉人。玉人出現於新石器時期，商代全身玉雕人像開始增多，漢代以玉舞人、玉翁仲最多。玉舞人的形式較固定，長裙、長袖、衣帶有飄動感。玉翁仲雕法粗糙，用圓柱形玉簡單幾刀即雕出，稱爲「漢八刀」雕法。漢代玉人用作人身佩玉。唐代出現了玉雕飛天，宋代多佩玉雕童子，明清兩代玉人多種多樣。此時還出現較多的玉佛、觀音。（圖 1-36）

如意。如意形如長柄鉤，但鉤頭扁如貝葉。如意產生於魏晉時期，相傳吳帝孫權曾得到玉如意一柄。如劉義慶著《世說新語·夙惠第十二》記有：「王處仲每酒後輒詠『老驥伏櫪，志在千里，烈士暮年，壯心不已』，以如意打唾壺，壺口盡缺。」類似的記載在《晉書》中也可看到，這裏沒有講到如意的形狀，用途，但可推測，如意在當時已是一種較堅固的長柄器物。

唐人段成式撰《酉陽雜俎》有如下故事：「梵僧不空，得總持門，能役百神，玄宗敬之。……又與羅公遠同

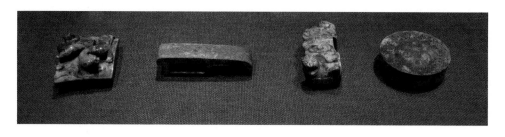

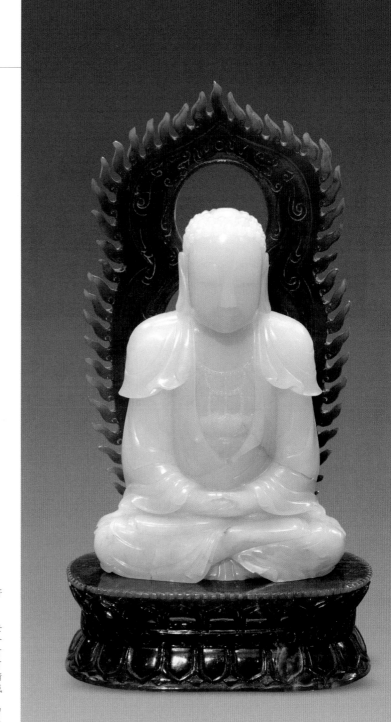

圖1-36 玉佛,清代,許
國文先生藏(王達寧/攝)

魏晉以後,隨著佛教的世
俗化,用玉石雕刻佛像十
分普及。玉有靈氣,佛有
佛光,二者結合,使具有
中國特色的佛教觀念漸漸
滲透到社會的各個領域
中。如民間供奉玉佛,
並有男戴觀音女戴佛之習
俗等等,以求驅除鬼怪妖
氣,健康長壽和積攢「功
德」。

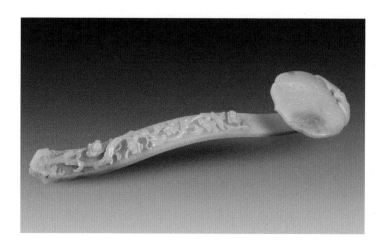

圖 1-37　白玉雕花如意，
清代（莫健超／攝）

如意的起源，有說是古代
朝臣的執笏，也有說是民
間一種挽癢癢用的東西，
如意的頭部成彎曲回頭之
狀，有學者認爲具有「回
頭即如意」的警世含意。
魏晉以降，如意成爲了帝
王及達官貴人的手中之
物，用它搔癢和決策大事
等，文人雅士則用它擊節
打拍。定「如意」之名，表
示吉祥如意，幸福來臨，
是供玩賞或陳列的高雅吉
利之物。

在便殿，羅時反手搔背，不空曰『借尊師如意』。殿上花石瑩滑，遂激窣
至其前，羅再三取之不得，上欲取之，不空曰：『三郎勿起，此影耳。』
因舉手示羅如意。」由此而知，在唐代，如意曾被用來搔癢。

　　目前見到的古代如意，多爲明清兩代所製，而以清代爲最多。品種有
琺瑯如意、木嵌鑲如意、天然木如意、金如意、玉如意等。在清代，如意
是重要禮品。（圖 1-37）

　　玉屏。玉屏是陳設玉器，雕成方或圓形薄片，上面飾以紋飾圖案，插於
木或玉座上。目前能見到的早期玉屏爲漢代作品，屏較小，圖案也很簡單。
清代插屏的種類極多，乾隆時期，在一些作品上雕圖畫、書法作品，圖案雕
法有高浮雕、淺浮雕、透雕，還有寶石鑲嵌等。圖案有山水人物、神仙道士、
田園農舍、吉祥圖案等。插屏座的形式有疊台式、流雲式、建築樣式等多種
多樣。（圖 1-38）

　　玉冊。玉冊是用方形玉片一片片重疊而成，其上或雕或寫有文字。早
在戰國就已有了玉簡冊，唐時稱「玉策」。《舊唐書・禮儀三》載：「又造
玉策三枚，皆以金繩連編玉簡爲之……刻玉塡金爲字。又爲玉匱一，以藏

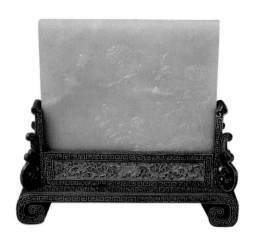

圖 1-38　青玉花卉插屏，清代乾隆年間（莫健超／攝）

案頭清玩，一面雕凸起的花鳥圖案，一面福祿陰刻，爲文具中層次較高、書卷氣比較濃烈的作品。

正座玉策。」中國南京、成都等地曾出土過唐五代時的玉哀冊，但數量不多。清宮遺存器物中有幾百函玉冊。這些玉冊分爲玉諡冊、詩文冊、圖畫冊。玉冊一般都有紫檀木匣，匣上雕圖案，有些還嵌有金銀圖案。（圖 1-39）

圖 1-39　玉哀冊，唐代，1981 年北京豐台區王佐鄉唐代史思明墓出土，北京市文物研究所藏

春秋時已出現玉冊，玉諡冊和玉哀冊是唐代開始出現的禮儀用玉。古代帝王常舉行封禪大典，玉冊是記錄封禪典禮祝禱文辭的載體。玉諡冊是帝王駕崩時請廟號及諡號時用的玉冊。玉哀冊則是帝王下葬時所讀的一篇哀悼文，冊文內容均爲對死去帝王的歌功頌德之辭。

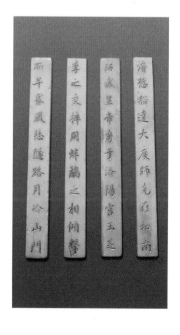

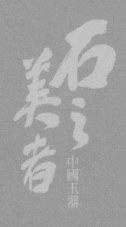

石之美者 中國玉器

2

帝王時代

▌ 禮玉天下

　　玉器的使用，因時代不同而不同。在古代，不同身分的人，用玉也有不同，神者有神玉，巫者有巫玉，帝王有帝王用玉，百姓也有自己的用玉。帝王時代的帝王玉影響巨大，自夏家天下到清帝出宮，帝王玉走完了全過程，雖已是前朝舊事，成為了一種歷史，但人們至今仍對其記憶猶新，津津樂道。

　　夏、商、周三朝即所謂的三代時期，中國進入了帝王時代，此時的製造業以其精美的青銅鑄造而聞名世界。但是此時的治玉業並未因青銅器的崛起而失色，相反，青銅器的出現，為玉器製造提供了新的工具和技術，也擴大了玉雕的表現領域，使玉器製造的規模和工藝水準達到了前所未有的高度。著名的商代殷墟婦好墓，出土玉器七百五十五件，數目之大、品種之多、工藝之精令人讚歎。據《汲塚周書·世俘解》記載，武王滅商時，「商王紂取天智玉，琰瑈身厚以自焚——焚玉四千——凡武王俘商舊玉，億有百萬」。這一數字定有誇張，但武王獲商代玉的數量是不會太少的。商代王室的用玉情況由此可見一斑。另外，殷墟西區商代平民墓也出土了一

41

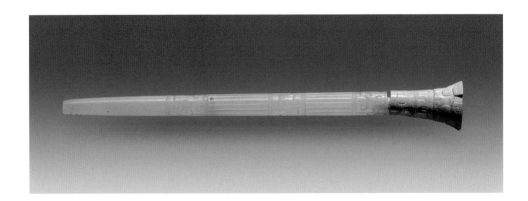

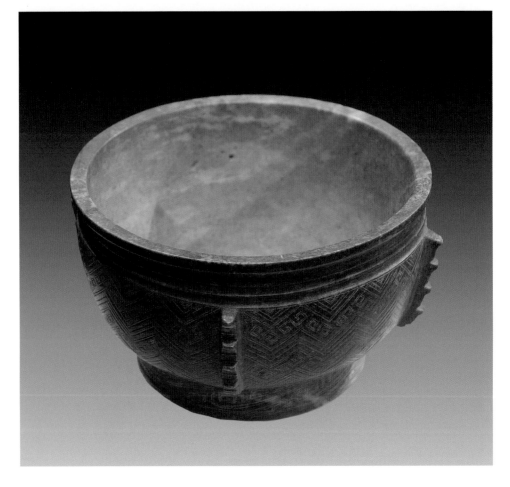

定數量的玉器，這說明商代不僅奴隸主佩玉，一般
平民也有佩玉的習慣。（圖 2-1）（圖 2-2）（圖 2-3）

　　1915 年，在河南安陽小屯村殷墟考古發掘時，
發現了一座殷代地穴式房子，裏面殘存著六百多塊
圓錐形石料，二百多塊磨石及少量經過加工的玉料，
同時還發現了少量圓雕玉雕作品。這個遺址很可能
是一處商代玉器作坊，它說明商代已有專門玉雕業
的存在，也說明了商代治玉業的規模。

　　商晚期玉器集中出於殷墟。殷墟位於河南省
安陽市西北郊，橫跨洹河兩岸，範圍約二十四平
方公里，包括小屯村、武官村、侯家莊、大司空

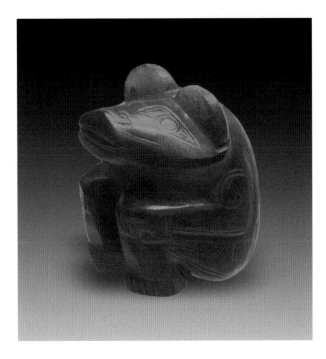

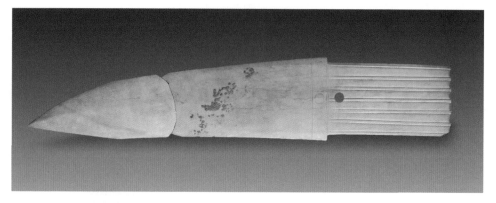

圖2-4　斜角雲雷紋戈，西周，1974年北京房山縣琉璃河西周燕國墓地遺址出土，首都博物館藏

戈是一種主要用於勾、啄的格鬥兵器，流行於商至漢代。玉戈則是商周時代的一種儀仗器。雲雷紋大都是連續的迴旋狀線條，標誌這個時期中國哲學「氣」的概念已初步形成。此玉戈出土時已斷為3段，但仍有極好的玻璃光澤，是研究西周史的珍貴實物。

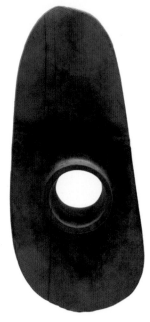

圖2-5　玉戚形璧，商代，四川廣漢三星堆遺址出土（李勝利／攝）

這是三星堆遺址特有的器形，因形似古代的一種兵器——戚，故命名為戚形方孔璧，可能是受中原刀器影響的產物。也有學者認為，這是一種玉製的農具，稱其為「玉鋤」。

村等村落。據不完全統計，新中國成立後，殷墟出土的玉器在一千二百件以上。另外，1986年至1977年，殷墟西區的平民墓中也發掘出二百七十多件玉器。殷墟出土的玉器品類齊全，有禮器、儀仗用器、佩玉、用具、裝飾、藝術品、雜器等各種類型，每一類又有眾多的品種。

禮器有大琮、組琮、圭、璧、環、璜、玦、簋、盤等；儀仗器有戈、矛、戚、鉞、大刀；工具有斧、鑿、鋸、刀；用具有調色盤、梳、耳勺、匕、觽，還有玉韘等佩飾、雜器。在這些商代玉器中最突出的是禮器和禮儀用器。1963年，湖北黃陂盤龍城發掘出商代玉器，其

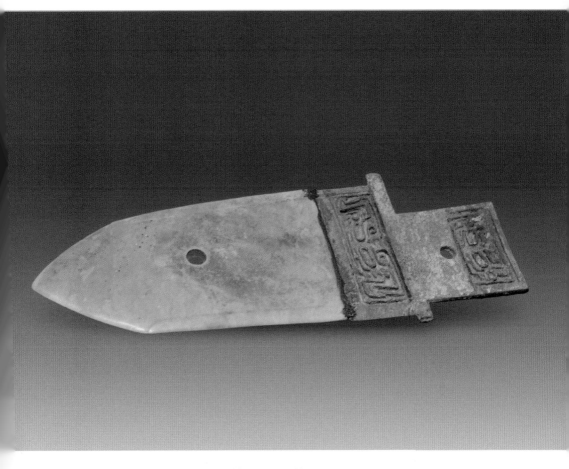

圖 2-6　銅內玉戈，商代，河南安陽殷墟博物館藏（聶鳴／攝）

殷墟玉戈已不再單純是兵戎與權力的象徵物，不少玉戈朝著飾品化的
方向發展，戈上出現了雲紋、獸面紋等裝飾性紋飾，有的戈內部直接
雕成歧冠鳥頭狀，還有的飾以鋸齒狀扉稜，製作十分精緻，表現出較
爲濃烈的裝飾、玩賞的意味，揭示了這一時期玉戈日趨複雜的文化意
義。

中大玉戈長 92.5 公分，戈長而薄，刀部無砍砸痕跡，應是禮儀用玉。這是
迄今全國出土文物中最大的一件商代玉戈。

　　在已發現的夏商周玉器中，璋、圭、戈、璧數量多，製造精，佔有相
當重要的地位，這表明玉禮器的重要性。（圖 2-4）（圖 2-5）（圖 2-6）　　45

《周禮》把禮解釋爲吉、凶、賓、軍、嘉五個方面,「以吉禮事邦國之鬼神祇,以凶禮哀邦國之憂,以賓禮親邦國,以軍禮同邦國,以嘉禮親萬民」,禮制則是進行這些活動的方式方法。《說文》曰:「禮,履也,所以事神致福也。」在禮制活動中,最重要的是祭祀活動,《周禮》釋禮的五個方面中,前兩個方面均是祭祀活動,而國家或最高權力機構組織進行的這種活動尤爲重要。

　　禮器是禮制活動中使用的器物,玉禮器主要用於祭祀活動,在其他禮儀活動中也有使用。按照《周禮》的說法,玉禮器有六種,分別爲「蒼璧」、「黃琮」、「青圭」、「赤璋」、「白琥」、「玄璜」,其作用在於「禮天地四方」。另外,在禮儀活動中,主要參加人手中還要執玉。《周禮》把六種不同身分的人所執的玉禮器稱爲「六瑞」,即「鎮圭」、「桓圭」、「信圭」、「躬圭」、「穀璧」、「蒲璧」。玉器,尤其是玉禮器,在夏、商、周時期是國家政治活動中使用的重要器物,它的使用有制度、有規則、有等級區別,隆重而威嚴,影響了後世幾千年。

▌玉器中的動物剪影

夏、商、周玉器的色澤瑰麗多彩，所用玉料種類也很多，碧玉自墨綠色到淺綠色又分成多種顏色層次，還有青玉、黃玉和白玉。經鑒定，殷墟玉器多數為新疆玉，還有南陽玉、岫岩玉和大理石。

商周玉雕中，最引人矚目的是玉雕動物。動物有三十餘種，動物形象非常豐富，計有虎、象、熊、鹿、猴、馬、牛、狗、兔、羊、蝙、鳥、鶴、鷹、鴟鴞、鸚鵡、雁、鴿、燕、鵝、鴨、魚、蛙、螳螂、蟬、蠶、螺等。其中多數作品造型生動優美，雕琢細膩。

這些動物形象絕大多數為片狀，也有少量圓雕作品。動物形玉片又明顯地分為兩大類。第一類為璜形玉片。這類玉片類似扇面形，其上雕琢動物紋樣，然後在玉片邊緣部位依紋樣進行剪裁，使玉片總體上呈扇面形，但外輪廓卻隨動物之形體凹凸變化；第二類是用正面或側面剪影的方法，按照表現對象的外輪廓線，在玉片上裁出外形，然後再用線條進行身體各部位的表示。商代人對動物形狀外輪廓線掌握得很熟練，能較準確地把握外形。從多數玉片看，動物的動態表現得不明顯，側面形象的玉獸片，多

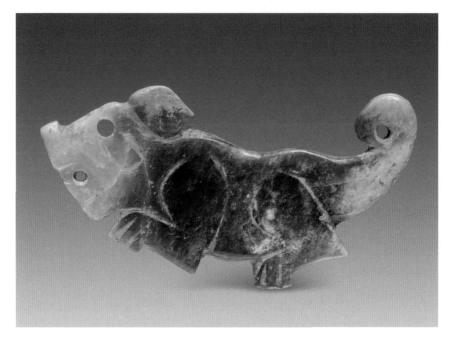

圖 2-7　玉虎，商代，河南安陽殷墟南區出土，河南
博物院藏（聶鳴／攝）

*虎自古被尊爲百獸之王，有著王者的霸氣。古代社
會生產力十分低下，對大自然深懷恐懼和敬畏，視
若神靈，產生頂禮膜拜的玉圖騰崇拜，玉虎即是古
人頂禮膜拜之物，這件玉虎作行走狀，是虎崇拜的
表現。*

爲屈腿臥伏，張嘴，上下頷間留出多角星狀空間，頸較短。殷墟出土的一
件玉虎片，巧妙地利用璜形玉原有弧度，做成凹背，腹貼地、前後肢蜷曲，
似在匍匐前進，尋覓獵物。虎眼爲誇張的「臣」字形，頸部飾重環紋，虎身
爲排列有序的斜條紋，粗尾上捲，形象生動逼眞。（圖 2-7）

　　商周玉雕中有許多片狀玉魚，都很小，有些嘴部帶孔，尾端有長榫，
似刻刀，可能是隨身攜帶的工具。玉魚有三種：第一種爲直形，較窄、細長，
背部有長鰭，腹鰭與背鰭對稱，鰭上有短陰刻斜線，長尾，尾端爲刀刃。

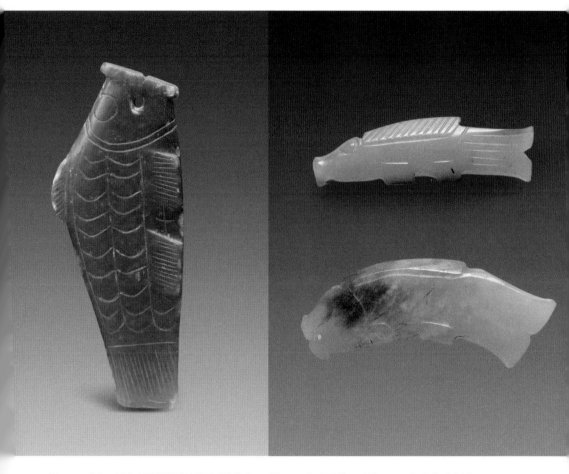

圖 2-8　玉魚，河南安陽殷墟博物館藏（晶鳴／攝）

魚形佩飾在商周時期是應用廣泛的玉器，在中國古代神話中有魚化龍，龍變魚等龍魚互變的傳說。「魚」與「餘」諧音，表示富裕。這個商代玉魚魚頭昂然，代表著一種昂揚向上的精神風貌。

圖 2-9　魚形佩飾，西周，1974 年北京房山區琉璃河鄉西周燕國墓地遺址出土，北京市文物研究所藏

中國江河湖泊多，魚類品種格外豐富。遠在石器時代，人類主要以漁獵爲生，魚在人類生活中有著重要的地位，因此魚形玉器的歷史很久遠，屬於常見的古玉紋飾和題材。周代墓葬裏存在以數十條玉魚分佈在棺槨之間及附近的擺放方式，表明人們對於此類佩飾的重視。

　　第二種爲短寬形，體短而寬，短尾、尾端似分岔。第三種爲弧形身，多由斷環改製，身彎似半圓，無鱗，鰭較長，鰭上刻短斜線。（圖 2-8）（圖 2-9）

　　過去，由於考古發掘材料的限制，一些鑒定家認爲商代動物形玉器中

49

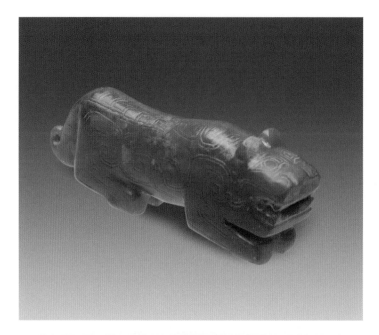

圖 2-10　玉虎，商代，
河南安陽殷墟婦好墓出土
（草草／攝）

婦好墓玉器的出土，説明
玉器在商代貴族生活中佔
有十分重要的地位。這件
玉虎方首雙耳，方形目，
八字形鬚，張口露齒，長
尾下垂，尾尖上捲，身飾
雲紋，可以看出，商代玉
雕技術已達到了相當高的
水準，也是商代貴族「玉
不離身」的例證。

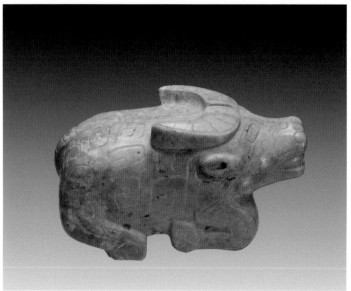

圖 2-11　玉牛，商代，
1976 年河南安陽殷墟婦好
墓出土，中國國家博物館
藏（王達寧／攝）

傳説商人祖先王亥，用牛
拉貨外出貿易，結果獻出
了自己的生命，他的兒子
為父報仇，打敗了搶奪財
物的部落，使商人成為了
霸主。同時牛幫助人們搬
運貨物，為人類社會發展
作出了重要貢獻。用玉牛
入葬，表示商人對牛的重
視與崇拜。

沒有圓雕作品，近幾年圓雕作品雖有發現，但數量不能與片狀玉器相比。
形成這種現象的原因有二：第一是商代片狀器物比例極大，璧、環、戈、
刀等片狀禮器佔相當數量，鳥獸等動物多用這些片狀玉禮器的下腳料或殘
次品材料雕製；第二是玉雕中動物的圓雕表現能力還不明顯，尚未擺脫平
面化表現方式。現在能見到的商代圓雕玉器，虎、象、牛、熊等，整體近
似於長方形，體塊結構很不明顯，身體的一側，像動物的側面剪影。(圖 2-10)
(圖 2-11)對這些圓雕作品，玉雕鑒定中的所謂望「氣」派，從遠處看到其形體，
便有七八分把握定為商代作品。這種作品，動物身體各部位的表現也大體
按各不同的側面進行。婦好墓出土的玉雕坐熊，從側面能看到用陰線表示
的上肢，從正面就很難看到。

玉人種種

夏、商、周玉器中，人物形象非常多，商早
期的二里頭文化，或曰夏文化，其遺址出土有人
面紋柄形器。商晚期的殷墟婦好墓，有十三件玉
雕人像。傳世玉器中還有大量的商代玉雕人像，
這些人像分別爲人頭、人面玉片和整身人。

從殷墟發掘情況看，商代玉人僅出現在殷
王室或貴族奴隸主墓中，通過這些人像，我們
或多或少能了解到那個時代人們的裝束、服飾
和行爲方式。

整身圓雕玉人，婦好墓出土了三件，皆爲
跪坐形。雙足坐於臀下，雙膝落地，手扶膝上，
身飾雙陰線勾連紋，短頸，髮自耳尖處剪齊似
圓帽扣於頭頂。其中兩件玉人，頭頂有穿孔，
以備穿繫繩。這些玉人有可能是墓主人生前的

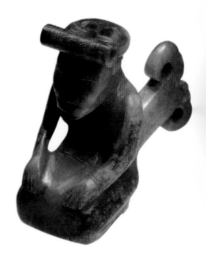

圖 2-12 腰佩寬柄器玉人，商
代，1976 年河南安陽殷墟婦好
墓出土（劉朔／攝）

這件玉人是商代造型藝術的代
表作品，衣飾、髮型的雕琢一
絲不苟，是了解商代服飾最珍
貴的資料。此人像神態倨傲，
衣著上乘，爲貴族的形象，故
有學者認爲這可能是墓主婦好
的雕像。

52

圖 2-13　青玉雕陰陽人（複製品）。殷墟婦好墓
隨葬品，河南安陽博物館藏（磊鳴／攝）

*殷代玉雕「陰陽人」，是 1976 年殷墟婦好墓出土
十多件玉石人物雕像中最珍奇的一件，惹人注
目。這件淡灰色的玉雕「陰陽人」，男女同身裸
體，一面爲男性；另一面爲女性，作站立狀，寓
意現已難考證，十分玄妙，有學者認爲當是某種
巫術。*

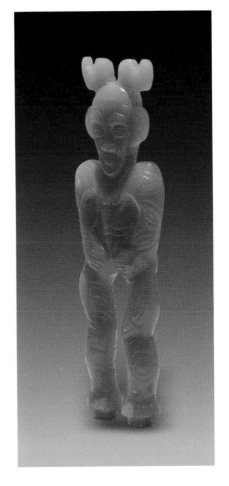

佩飾。有人據古代墓中畫有墓主人畫
像或塑有墓主塑像的現象推測，玉人
中一個腰佩長而寬的柄形器、頭戴髮
圈及筒狀頭飾的人可能是婦好本人。
婦好是殷王武丁的三個法定配偶之
一，在武丁期的殷墟卜辭中，至少有
一百七十條有關婦好的記載。她生前
地位顯赫，擁有很高的權力，曾參與
國家大事，從事征戰、主持祭祀，死
於武丁在世之時。（圖 2-12）

　　商代片狀玉人有兩種：一種是
直立形正面人。婦好墓出土的兩件，
皆兩腿直立，臂下垂，臂與肋間鏤空。二人頭頂都有雙角，額頭有一橫線，
線之上有豎陰刻線表示頭髮。另一種玉人片呈弧狀，爲側面人，可能是璜
等殘片改製，人身、手臂及腿都由陰刻線勾出，跪坐式。這種人戴冠的極
多，有的冠極高，長度幾乎達到身體的一半。（圖 2-13）

　　從龍山文化到商代，有一組傳世玉人作品非常著名。這組玉雕人頭像
發現於二十世紀初期，在迄今已發掘的古代遺址中，尚未見到完全一致的
作品，因而對它們的製造年代眾說不一。有學者認爲，這組玉人經排比可

53

分五類，早期的可能製作於龍山文化晚期，最晚的不晚於殷墟二期文化。

考古發掘得到的、與這類作品圖案近似的玉器有三件，即龍山文化玉鏟（或稱圭）、二里頭文化柄形器和安陽小屯出土的玉人頭飾。從這三件作品可粗略地看出，龍山文化晚期到商代，人面圖案中眼與嘴的表現，由極度誇張向寫實演化。

故宮博物院存有一些這類作品，其中以玉雕飛人像和鷹攫人首玉佩最爲著名。

玉雕飛人像，高 8.2 公分、寬 4 公分。裸肩披髮，自肩部向兩端上卷。長眉、杏核形眼、小嘴、下頜尖，面容端莊，有人認爲所雕爲女子。耳下戴有圓環，額頭箍一圈繩紋帽箍。頭頂兩側似有雙鳥，身自腋下鏤雕縱橫交錯的格狀紋。有學者推測，這件玉佩可能是「翼」字的象形。由於人像有華麗的冠帽、玉珥，並具備神祕化、理想化特徵，所以又有學者推測這件玉佩表現的是一種被崇拜的人格神。（圖 2-14）

鷹攫人首玉佩與上一件截然不同。上部雕一鷹，昂首，頭向右傾轉，雙翅張開，沖天而飛，頭兩側飾鏤雕勾連紋，雙爪隱於翅下，各攫一側面人頭。人頭爲長髮、短鬚，頭頂有短粗的豎陰刻線表示頂髮。這件玉佩表現的是夏商時的人祭制度。（圖 2-15）

這兩件玉器表現了商代的圖騰崇拜和祖先崇拜。古代文獻中有很多關於殷人崇拜鳥的記載。《史記‧殷本紀》：「殷契母曰簡狄，有戎氏之女，爲帝嚳次妃，三人行浴，見玄鳥墮其卵，簡狄取吞之，因孕生契。」《詩經‧商頌》也有「天命玄鳥，降而生商」的詩句。商人崇拜的鳥很多，鷹攫人首玉佩所表現的鷹鳥形象，在殷墟玉器中從未見到過，但在前面所講的那組傳世玉器上卻屢次出現，應是龍山文化到商代的作品。這種鷹鳥圖騰標誌著氏族和祖先，鷹爪下的兩顆人頭，是祭祀祖先的祭物。

在殷商宗法奴隸制時代，祭祀祖先是最頻繁、最宏大、延續時間最長

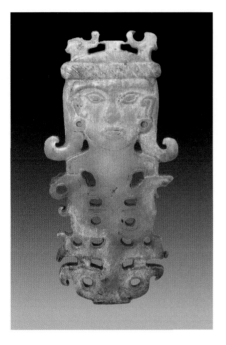

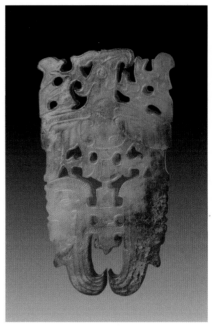

圖 2-14　玉人，商代

玉人是直接反映人類自身形象和面貌的作品，
無論是神化了的人物還是現實中的人物，都具
有一定的歷史背景。玉人指單個的人物造型，
如全身形象、半身形象、人首等，是原始先民
生活的寫照，也是社會意識形態及風俗在藝術
領域的折射，表現了商代的圖騰崇拜和祖先崇
拜。

圖 2-15　青玉鷹攫人首玉佩，商代

此玉器反映了各種動物圖騰氏族之間的兼併、
融合，有學者認為這是古人用一種特定圖形代
表氏族的徽號，有學者認為鷹爪攫一人頭表現
的是人祭制度，是用戰敗者的首級作為獻給神
鷹的祭物。更有學者說人首為人之始祖，因無
羽不會自己升天，需借助鷹這種神鳥幫助。總
之，這當是嚴格的宗法所要強調的神權代表意
識體現時期的產物。

的宗教活動。在祭祀中不僅要用犧牲，而且還用人牲和人祭，甲骨文中記
載用人祭的甲骨有一千三百片以上，殺人逾萬。1976 年，殷墟發現一片祭
祀坑，有二百五十多個，十坑一排，每坑八至十人，總共清理出一千二百
多人。在人祭過程中，被殺的多是外族人和戰俘。這種殺人祭祖的方式是
原始社會的野蠻遺俗，商代青銅器上各種猛獸吞人頭的圖案不乏例舉，它
們同鷹攫人首玉佩一樣，表現的都是古代人祭制度。

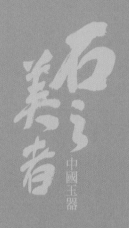

石之美者 中國玉器

3

玉器的理念化與神祕化

▌ 玉器的功用與價值的爭鳴

　　奴隸社會晚期到封建社會前期，出現了玉雕發展史上的又一高潮。春秋戰國時期，治玉技術發展迅速，玉材開採量也增大，新的技術和材料的豐富是產生這一高潮的基礎。推動這一高潮出現的另一因素，是地主階級對玉器賦予了新的解釋和含意，強調了玉器對於個體本質、尊嚴與感情的表達。

　　從戰國到漢代，玉雕發展充滿理念化和神祕化。這一時期，不僅形成了完整的禮器體系和佩玉體系，而且出現了系統的用玉制度和理論。這種玉器體系和使用制度，貫穿整個封建社會，直到元明清幾朝仍見使用。

　　春秋戰國時期，出現了百家爭鳴的局面，爭鳴的範圍不僅限於政治制度、哲學思想，也涉及了文化藝術諸方面。這時的玉器製造，不僅鏤雕及套環技術發達，裝飾紋樣精細，而且產品數量也在增多。（圖 3-1）（圖 3-2）（圖 3-3）（圖 3-4）

　　古中山國及古曾國並非大國，但河北平山縣中山國墓及湖北擂鼓墩曾侯乙墓隨葬玉器之多、器物之精卻令人吃驚。面對這樣一股用玉潮流，哲

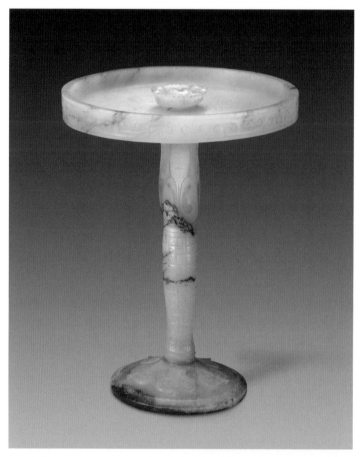

圖 3-1　勾連雲紋燈，戰
國，北京故宮博物院藏

這件玉燈是我國早期燈具
的代表性作品之一。戰國
燈具業已成爲我國燈具發
展史中一個輝煌的歷史時
期，至今玉製燈僅此一
件，堪稱絕品，珍貴萬分。
這種燈具可能是我國最早
的定型化了的燈具，此燈
完整如新，沒有使用的痕
跡，說明它是一件陳設藝
術品。

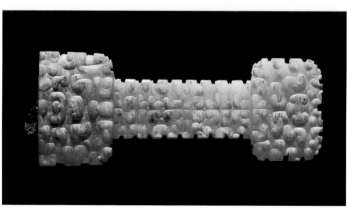

圖 3-2　青玉獸面紋匕柄，
春秋時期，河南淅川縣下
寺楚國墓地出土，河南博
物院藏（樹莓／攝）

匕是古代的一種取食器
具，長柄淺斗，形狀像湯
勺，匕柄，就是匕的把兒，
春秋戰國時期的匕甚少
見，表明人們取食器具已
有了大的改變。

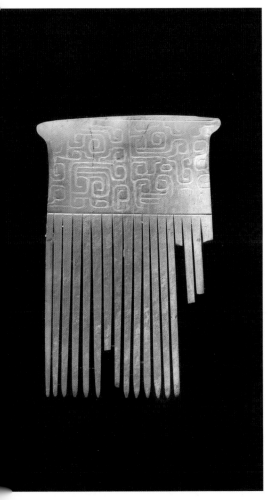

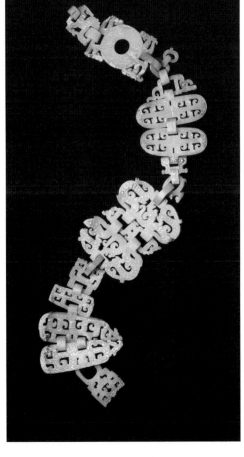

圖3-3 玉梳,春秋時期,河南淅川縣下寺出土,河南博物院藏(磊鳴／攝)

此玉梳上的勾雲紋秉承自東周晚期之遺風,通常梳理髮髻後,可順便把梳子插在髮髻上,兼做裝飾,也方便隨時拿下來,梳理亂了的髮髻。春秋時期的這類玉梳較少見。

圖3-4 玉掛飾,戰國時期,湖北隨州曾侯乙墓出土(郝勤建／CTPphoto／攝)

掛飾整體為各節玉飾連成,其功能和定名目前尚有不同意見。一種看法是用作佩飾,另一種看法是出土時這件玉飾置於墓主頭部,可能為冠上的玉纓(帽帶)。青白玉製成,鏤雕,多處飾龍紋,是春秋後期在中原開始流行的玉佩造型。

59

學家、思想家沒有回避，而是加以引證、說明，以求借此闡發自己的思想。翻開諸子文集，借玉喻事記載之多，前所未有。

偉大的思想家孔子，竭力維護建立在農業經濟之上的氏族家族及社會關係，他對事物採取較實際的態度，很少進行浪漫主義的想像。在《論語》中，孔子僅有幾處提到過「玉」。

《論語‧子罕》篇有子貢問玉的記載：「子貢曰：『有美玉於斯，韞匵而藏諸？求善賈而沽諸？』子曰：『沽之哉！沽之哉！我待賈者也！』」子貢說，這裏有塊美玉，是把它藏在櫃裏，還是把它賣給識貨的商人？孔子回答得很乾脆：「賣掉吧！把它賣掉吧！我在等待著商人！」在此，孔子將美玉喻為才德兼備的君子，一方面顯示玉是貴重物質，另一方面也賦予玉「象徵理想品格」的社會意義。《論語‧鄉黨》有記載：「廐焚。子退朝，曰：『傷人乎？』不問馬。」「以人為重，物質為輕」是孔子主要倡導的價值觀。進一步思考，無論物或人，儒家最理想的目標都是能有用於世，對社會貢獻一己之力。所以孔子回應子貢待適當的價格售出美玉，是經世致用的實際態度，也表明對有特殊社會意涵的物質與德識深厚的君子予以適切的尊重。

《論語‧鄉黨》中描繪了孔子執玉時的情況：彎著腰，好像拿不了，一副小心翼翼的樣子。「執圭，鞠躬如也，如不勝。上如揖，下如授，勃如戰色，足蹜蹜，如有循。享禮，有容色，私覿，愉愉如也」。因為圭是象徵身分地位的禮器，執圭者被國家賦予相當的重責大任，所以孔子執圭的儀態格外謹慎持重。

雖然如此，講究文質彬彬的孔子卻在《論語‧陽貨》中也說過：「禮云，禮云，玉帛云乎哉？樂云，樂云，鐘鼓云乎哉？」以反詰的語氣闡述制禮作樂並非表面的物質形式，更應該是深刻的人品修養與生活態度。春秋時，禮制已很系統，玉禮器在形式上也較完備，但孔子認為，所謂禮，並不局

限於器物所表現的形式，玉帛等器物還不足以表現禮的全部內在。這明確表現出他對美玉所表現的內容的追求。

生活年代稍晚於孔子的墨子，出身於手工業階層，他的學說同孔子學說相悖，他否定藝術活動的社會功用而強調勞動者的物質生活。他認爲擊鼓鳴鐘等形式的藝術活動是浪費勞動力，是影響生產的舉動，他在其《墨子·非樂上》中指出，進行這些活動「將必使當年，因其耳目之聰明，股肱之畢強，聲之和調，眉之轉樸。使丈夫爲之，廢丈夫耕稼樹藝之時；使婦人爲之，廢婦人紡績織紝之事。」對於當時社會上出現的玉雕作品，墨子進行了全面否定：他認爲「隋侯之珠」、「和氏之璧」這些天下公認的寶物，既不能使國家富裕，也不能使人丁興旺，對社會安定起不了作用，所以不是什麼寶物。墨子在《耕柱》中指出：「和氏之璧、隋侯之珠、三棘六異，此諸侯之所謂良寶也，可以富國家，衆人民，治刑政，安社稷乎？曰不可。所謂貴良寶者，爲其可以利也。而和氏之璧、隋侯之珠、三棘六異，不可以利人，是非天下之良寶也。」他從手工業者的立場出發，把是否有利於發展生產，改善勞動者的生活條件作爲取捨玉器的標準，認爲金玉寶器，不能給人民帶來物質利益，不能使人們生活保持衣暖食飽，有房禦風，是「費財勞力，不加利」，是統治者少數人的奢侈活動。墨子看到了當時勞動人民物質生活水準的低下，把是否有利於解決人們的溫飽作爲衡量價值的標準，因而對玉器持全面否定態度。

韓非是法家思想集大成者，是戰國晚期影響極大的思想家。他把人與人之間的關係歸結爲互相利用，主張集權力於國君一人，而國君則用法、術、勢相結合的方法，駕馭群臣，統治天下。他用功利主義的標準確定玉器的取捨。

在韓非看來，玉器有實用功利，就是有價值，沒有實用功利，不能用，就不如一件瓦器。《韓非子·外儲說右上》：「堂溪公謂昭侯曰：『今有千

金之玉巵而無當,可以盛水乎?」昭侯曰:『不可。』『有瓦器不漏,可以盛酒呼?』昭侯曰:『可。』對曰:『夫瓦器至賤也,不漏,可以盛酒。雖有千金之玉巵,至貴,而無當,漏,不可盛水,則人孰注漿哉?』」這裏說的玉巵,是極爲貴重的玉酒器,它的貴重並不在於是否能用來盛酒或「注漿」。(圖 3-5) 韓非卻從功利主義角度出發,否認玉巵的價值,認爲玉巵無當,不能盛水,不如瓦器有用,因而瓦器就比玉巵強。

孔子談到玉器時,重視內容與形式的統一,文與質的和諧。韓非卻認爲,玉器的好壞在其玉質,不在於加工形式。「和氏之璧,不飾以五彩,隋侯之珠,不飾以銀黃,其質至美,物不足以飾之。夫物之待飾而後行者,其質不美也」。反對對玉器雕琢裝飾,主張靠裝飾以博人愛不足取。他認爲器物裝飾得越華麗,則愈影響質地之美,他還講了「楚人賣珠」的故事:「楚人有賣其珠於鄭者,爲木蘭之櫝,熏以桂椒,綴以珠玉,飾以玫瑰,輯以羽翠。鄭人買其櫝而還其珠,此可謂善賣櫝矣,未可謂善鬻珠也。」通過這個故事他想說明,嵌著珠玉的匣子影響了珠子的價值。總體上看,韓非對於玉器的精雕細琢和玉器形式上的系統化興趣不大,他更注重玉器的實用功利。

先秦諸子談及玉器的還很多。對後世用玉影響較大的尚有《周易》。《周易》分爲《經》、《傳》兩部分,提到玉的地方不多,僅在《傳》中有所涉及。《周易》對後世玉器影響有兩方面:其一,是對天地、自然、社會進行總體性概括,企圖用陰陽八卦的總體模式包羅萬象,《周禮》記載用玉禮器禮天、地、東、西、南、北,可能就是這種思想的反映。另外,《周易》用陰和陽兩種相對力量的平衡和對立看待世界。《周易 · 說卦》「乾爲天、爲環、爲君、爲父、爲玉、爲金……」。認爲玉有陽剛之性,與君、父、男性同屬於乾。這對玉器的帝王化、人格化很有影響。

上面所舉四家對玉的認識,墨子、韓非略顯偏執,《周易》言簡而玄妙,

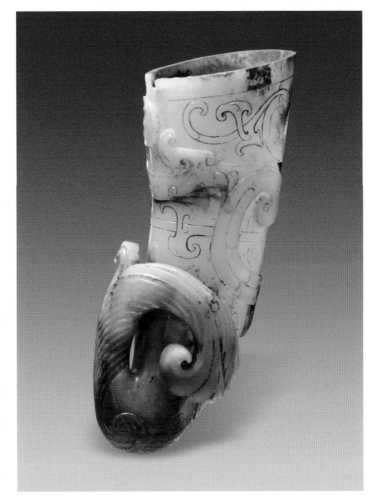

圖3-5　角形玉杯，西漢，廣州西漢南越王博物館藏（自由攝／攝）

這是件以一螭龍纏繞器身，集淺浮雕、高浮雕、圓雕藝術爲一體的玉器，是明代以前極少出現的漢代作品，乃爲經典之作，在玉器史上佔絕對重要的地位。角形玉杯底端沒有短流，亦沒有獸首，是不同於獸首杯的一種角杯。唐代以前的角杯不多見，後世偶爾作爲特殊工藝品加以仿製。

孔子取中庸之道，強調對禮的內容的表達，對玉的質與文不輕加否定，開儒家論玉之先河，對玉器體系的理念化影響也最大。

▊ 系統化、理想化的玉禮器

　　禮制是我國古代的重要制度，如前文所述，《周禮》把禮釋爲五個方面，一般說祭祀爲吉，喪葬爲凶，冠、婚爲嘉，賓客爲賓，軍旅爲軍。《周禮》所講的五禮，被後來許多朝代定爲禮法。

　　在施「禮」活動中，最重要的是祭祀和禱告，《說文》釋禮：「禮，履也，所以事神致福也。」也就是說，「禮」是祭神徼福的方法。而玉禮器主要是指璧、琮、璜、圭等器物，這些玉器產生於原始社會晚期。另外在祭祀活動中，還有相應的禮儀器、用器，人們也將其歸於禮器。

　　1. 圭、璧及諸禮器

　　圭和璧是最重要的玉禮器。古人在祭神徼福時，認爲這兩種器物能超脫自然，同祖先神靈相通或能增加儀式的隆重程度而驚動鬼神。《尚書·金縢》記述了武王有疾，周公爲武王占卜禱告時的情況：「爲三壇同墠，爲壇於南方，北面周公立爲，植璧，秉圭告：……爾之許我，我其以璧與圭俟爾命；爾不許我，我乃屏璧與圭……。」

64　　成書於戰國末年的《周禮》以儒家注重禮的形式表現爲出發點，結合自

圖 3-6　玉璋，新石器時期，2009 年北京首都博物館「古代玉器藝術精品展」(孔蘭平／攝)

璋始見於新石器時代晚期，山東龍山文化遺址分別出土過 3 件玉璋，爲迄今所知最古老玉璋。二里頭文化遺址出土有玉牙璋，青灰色，通體磨光，光潔鑒人。玉璋是天子巡狩的時候祭祀山川的器物。金文中多有用璋進行物品交換的記載。

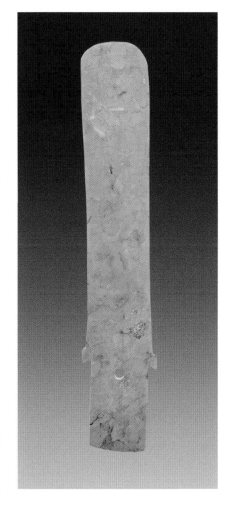

周以來的用玉情況，對玉禮器的使用進行了充分的解釋，提出了玉器的「六瑞」、「六器」之說。《周禮 · 春官 · 大宗伯》：「以玉作六瑞，以等邦國，王執鎮圭，公執桓圭，侯執信圭，伯執躬圭，子執穀璧，男執蒲璧。」這裏所講的諸般玉器就是儒家所謂的「六瑞」。「以玉作六器，以禮天地四方：以蒼璧禮天，以黃琮禮地，以青圭禮東方，以赤璋禮南方，以白琥禮西方，以玄璜禮北方。」(圖 3-6)(圖 3-7)(圖 3-8)(圖 3-9) 這便是系統的六瑞六器之說，它對後世的用玉制度有很大影響，到了元明時代仍循其舊。《元史 · 祭祀一》記載了元代祭祀時使用「六器」的情況：「器物之等，其目有八：一曰圭璧。昊天上帝蒼璧一，有繅藉，青幣一，燎玉一……配帝青幣一，黃帝黃琮一，青帝青圭一，赤帝赤璋一，白帝白琥一，黑帝玄璜一，幣皆如其方色。大明青圭有邸，夜明白圭有邸，天皇大帝青圭有邸，北極玄圭有邸，市幣皆如其玉色，內官以下皆青幣。」

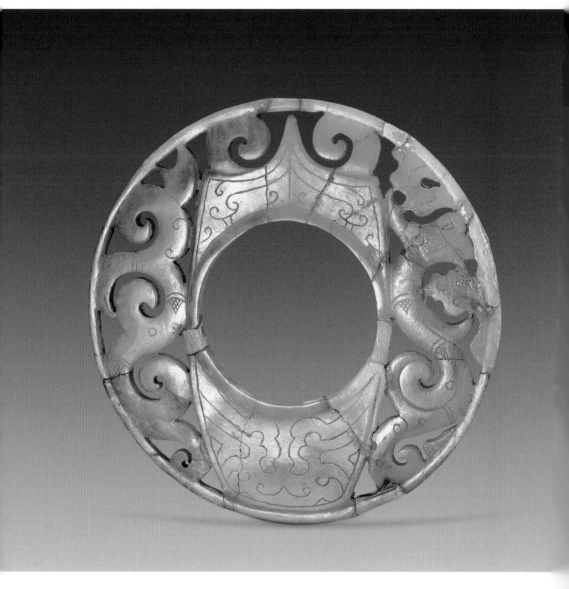

圖 3-7　龍鳳紋雞心式璧，漢代，1974 年北京豐台
區大葆台 1 號漢墓出土，北京市大葆台西漢墓博物
館藏

史書記載，漢代儒家教義和讖緯巫術交織並行，以
原始之祭禮，企求與神祇相晤。於是漢璧就主要用
於祭祀、朝賀、徵聘、進獻、婚娶、喪葬和佩飾上。
龍鳳紋玉璧放於屍骨頭部，「引魂升天」之意昭然。

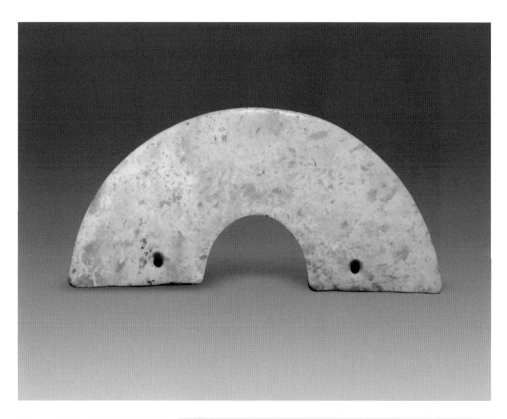

圖3-8　玉璜，1996年湖北武穴尺山出土，湖北省博物館藏（楊興斌／攝）

玉璜是最早出現的一種玉佩飾。原始社會時期的玉璜是一種裝飾，商周以後，玉璜成為重要的禮器和佩飾，《周禮》記載「以玄璜禮北方」。此璜表面光素無紋，可能是裝飾品。

圖3-9　玉琥，商代，許國文先生藏（王達寧／攝）

虎形玉器多作為佩飾之用，屬於裝飾品類，並不作為發兵或禱旱之用，也不是儀禮中使用的瑞玉。

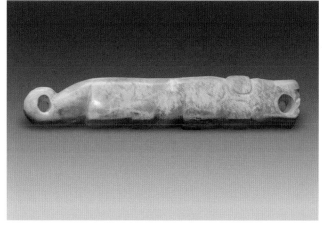

在吉、軍、嘉、賓、凶五禮中，玉禮器使用得很普遍，其中又以玉圭使用的範圍最廣，《周禮 · 大宗伯》記述了在五禮中所使用的玉器名稱及用途：「四圭有邸以祀天旅上帝；兩圭有邸以祀地旅四望；裸圭有瓚以祀先王，以裸賓客；圭璧以祀日、月、星、辰；璋邸射以祀山川，以造贈賓客；土圭以致四時日月，封國則以土地；珍圭以徵守，以恤凶荒，牙璋以起軍旅，以治兵守；璧羨以起度；馹圭、璋、璧、琮、琥、璜之渠眉；疏璧、琮以斂屍；穀圭以和難，以聘女；琬圭以治德、以結好；琰圭以易行，以除慝……」

在上述這一段話中，提出了一系列古代玉器名稱，這些器物形狀究竟如何，成了千古之謎，古往今來，許多學者對此加以考證，欲給它們以準確的解釋，但眾說不一，各家說法又無確鑿依據。因而有個別學者認為，這些器物可能是經漢代學者豐富的想像而來的。現在看來，《周禮》所言用玉之事，帶有一定的理想化傾向。

璧、琮、圭、璋、璜又被稱為「五瑞」，「瑞」表示「信」，《說文》釋瑞：「以玉為信。」同時瑞又表示天命與祥和，對於瑞玉與禮器的器形、用法，歷來學者反覆研究，議論頗多，清代乾隆皇帝也曾撰乾隆御製文「五瑞五玉名考」，雕於存放其組織製造的成組玉圭的紫檀木匣上。

乾隆之後，清人吳大澂對《周禮》所說的玉器進行了考釋，他把收集到的古玉器同《周禮》對照，依《周禮》定名。但他收藏的實物多為商以前器物，與《周禮》附會定名，未免牽強，尤其是圭、璋器物定名是否得當，尚需重新考釋。但吳氏所言，皆以古器為據，比乾隆的考證方法進步得多，他所定的一些玉器名稱，至今仍被許多人使用。

2. 摺圭、奠玉幣、納徵及燔玉

古代帝王禮儀活動中，一般要進行「摺圭」、「奠玉幣」的禮儀，這種禮儀形式，也是從《周禮》引申而來的。「摺圭」即插圭，是執圭演禮的一種方式，乾隆曾撰《摺圭說》對其考證，奠玉帛是其後的禮儀。

《新唐書‧禮樂一》記述了唐代進行的奠玉幣：「五禮：……五日奠玉幣：……太常卿引皇帝至中？門外，殿中監進大圭，尚衣奉御又以鎮圭授殿中監以進。皇帝搢大圭，執鎮圭……皇帝至版位，西向立……皇帝升壇自南陛，北向立，太祝以玉幣授侍中，東向以進，皇帝搢鎮圭受之，跪奠於昊天上帝……」

《元史‧祭祀三》詳盡地記載了元代「奠玉幣」的隆重情景。這種「奠玉幣」的儀式在郊祀、祭祀、宗廟祭祀，太社、太稷祭祀中都要舉行。在進行之日「五日晨祼，祀日，丑前五刻，諸享培位官各服其服」，開始進行一系列的準備。一切準備就緒後，禮直官分領各史令官丞人員就位。之後，皇帝穿大裘兗冕，殿中監向皇帝進大圭，皇帝執圭而拜。拜畢，禮儀史為前導，引皇帝至壇上，殿中監進鎮圭。皇帝插上大圭，拿著鎮圭，走到昊天上帝神位前，禮儀使奏請奠鎮圭，奠玉幣，皇帝受奠。之後，再到太上皇帝神位前，奠鎮圭及幣。這就是所謂的搢圭、奠玉幣之禮。不同時期，演禮之方式也有區別。

「納徵」是吉禮，也就是婚聘之禮，主要用玉圭。這是古代婚禮的納采、問名、納吉、納徵、請期、親迎「六禮」之一。在用雁納吉，決定締結婚姻後，行納徵之禮，也就是男家把聘禮送到女家。《儀禮‧士昏禮》記：「納徵，玄纁、束帛、儷皮。」《新唐書‧禮樂八》詳細地記述了皇帝納徵的具體情況：納徵之日，皇帝派使者帶著禮品到主人門前，執事者進門，內門門外掛著布幕，幕上掛著彩帶，幕的南面停著六馬，馬頭向北。執事者捧著穀圭和盛圭的匣子在幕東站立。司禮的人把使者和主人分別引到大門內外。儐者進門受命，再出門請事。使者說：「某奉制納徵！」（我按制度納徵）儐者進門告於主人，主人說：「奉制賜臣以重禮、臣某祇奉典制。」儐者出，把話告訴使者，再進門把主人引出，迎使者入門，執事者打開匣子取出玉圭，加上玄纁向北站立……

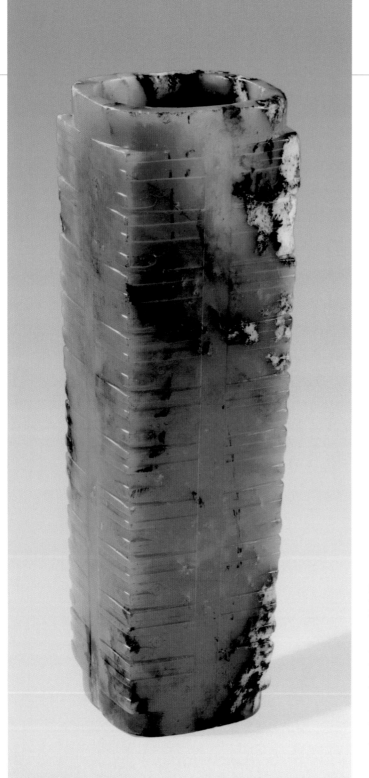

圖 3-10 玉十節長琮，良渚文化，四川成都金沙遺址出土（李緒成／攝）

古人認爲玉琮是溝通天地、人和神的神物，玉在原始宗教活動中一直被用爲法器。古代還有祭天神之玉，祭畢，焚之而升煙，故稱燔玉。玉琮上，一個戴著長長冠飾，神情莊嚴，雙手平舉，長袖飄逸，雙腳叉開的人似乎正在虔誠祭拜，傳神地重現了當時的祭祀場面。

　　前面所舉的是玉禮器使用的幾個例子，通過這幾個事例，可以了解到古代玉禮器使用的一般情況，另外，古代還有焚燒玉器的禮節。新石器時期良渚文化墓葬中，經常發現大量燒烤過的玉器。(圖 3-10) 武王伐紂，商紂王自焚時也大量燒玉；在後來歷代的禮儀活動中也時有燔玉現象發生。《舊唐書 · 禮儀》記載了唐代燔玉的情況，「舊禮，郊祀既畢，收取玉帛牲體，置於柴上，然後燔於燎壇之上」。這種燔玉的活動，到了元代才完全終止。《元史 · 祭祀》載太常禮儀院使數人對元代不再燔玉進行了說明：《周禮》有「以禋祀昊天上帝」的記載，其注曰：「禋之言煙也，周人尚臭，煙氣之臭聞者，積柴實牲體焉，或有玉帛。」但是《周禮》中未明確禋祀是否燔玉，其注也講得不明確。唐宋雖有燔玉之事，但宋政和時禮制局已明確停止。根據他們的說明和借鑒宋制，元制亦定：「祭之時，但當奠於神座，既卒事，則收藏之。」自此燔玉之禮便不再使用。

▌ 人格化的玉佩飾

原始社會玉佩飾，有耳飾、胸飾及其他玉飾。紅山文化的玉動物及其他一些地區的某些有孔玉器，亦能穿掛繫於身上。這時的玉佩飾具有表示人的身分或族屬，裝飾人身等作用，一些玉飾還是神職人員專用的法器，既有實用價值，又有很強的藝術性。

隨著社會經濟的發展，人們的社會生活更加複雜化，對佩飾的要求也不斷提高，春秋以後，在儒家學說指導下，逐步建立起了一套等級化、人格化的玉佩體系，這時的佩玉不僅用來表示人的身分等級，而且用來表示人的品德，約束人的行為。

1.《詩經》所言佩玉

商周之時，佩玉之風已非常普遍，不僅貴族，一般平民也佩戴玉飾。反映周初社會生活的《詩經》有很多關於佩玉的描述。這些記述，對於了解古人佩玉的風格非常有益。通過《詩經》，能看出某些佩玉品種的使用方法，以及人們對佩玉的思想認識。尤其可以看出，古人已把佩玉同人的精神世界、行為舉止、道德修養聯繫在一起了。

　　許愼在《說文》中釋玉有五德，「潤澤以溫，仁之方也」，爲五德之首，溫潤是玉的最重要標誌，這是一種由自然進而人格化的解釋。後人釋玉時也用「溫潤」一詞來形容，其含意爲不澀、不乾、不裂，質地細膩，無賊亮之光，色澤無瑕而瑩，由此可引申爲人格的寬緩和柔、溫良恭儉，而這一比附是源遠流長的。《詩經‧大雅》強調「溫溫恭人」，認爲「溫」爲君子品德的一般象徵，《詩經‧秦風‧小戎》用玉來解釋「溫」的標準：「遊環脅驅，陰靷鋈續，文茵暢轂，駕我騏馬，言念君子，溫其如玉。」（圖 3-11）

　　《詩經》用玉比喻人的品德，要求人要像玉那樣質地純正，無污點，無邪惡。《詩經‧大雅‧蕩之什》：「白圭之玷，尙可磨也，斯言之玷，不可爲也。」認爲白玉有了瑕疵，可以磨掉，人的言行若有不軌，是磨不掉的，所以要執身如玉。《詩經‧衛風‧淇奧》還用治玉比喻人的品德修養：「瞻彼淇奧，綠竹猗猗，有匪君子，如切如磋，如琢如磨……瞻彼淇奧，如竹如簀，有匪君子，如金如錫，如圭如璧……」切、磋、琢、磨是製造玉器的方法。《詩經》作者要求君子要同玉一樣，經過切、磋、琢、磨的加工改造；金、錫、圭、璧是經過錘煉加工而成的，君子成材也如同金、錫、圭、璧一樣需經過鍛鍊。（圖 3-12）（圖 3-13）

　　在《詩經》中，有以下幾處談到了玉佩的使用。

　　《詩經‧秦風‧終南》：「終南何有，有紀有堂，君子至止，黻衣繡裳，佩玉將將，壽考不亡。」《詩經‧衛風‧淇奧》：「有匪君子，充耳琇瑩，會弁如星。」弁爲帽，弁聚如星，指帽上的嵌飾，這些是對玉佩使用的自然記述，夾帶著誇獎、讚賞。

　　《詩經‧秦風‧渭南》反映出玉佩爲當時的饋贈用品「我送舅氏，悠悠我思，何以贈之，瓊瑰玉佩」。

　　描述玉佩同所佩者在人品、才能方面具體關係的，有以下幾首。《詩經‧衛風‧竹竿》：「淇水在右，泉源在左，巧笑之瑳，佩玉之儺。」其

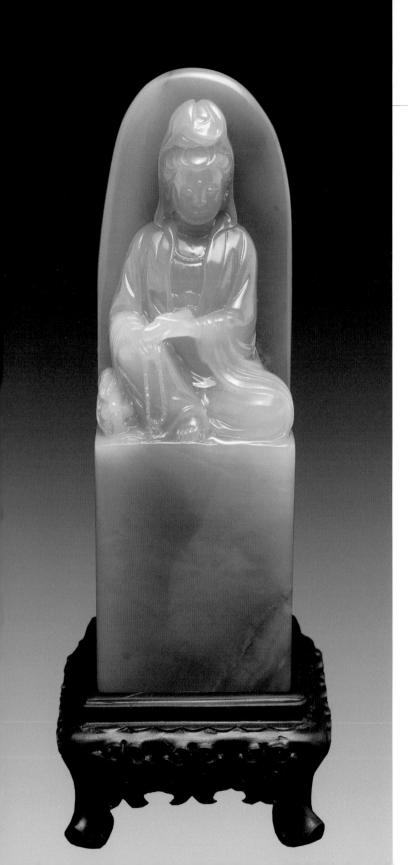

圖 3-11　觀音，現代，中
國玉石雕刻大師王祖光作
品（王達寧／攝）

玉有五德，而溫潤是玉的
最重要標誌。玉溫則仁，
故先秦文獻中用玉形容品
格高尚的人（君子），把玉
作爲立朝爲官、處世爲人
的標準，由自然進而人格
化，從而使玉與文化相勾
兌，寄託其精神情感，這
正是人們喜歡把玩各種玉
器之神奇所在。

圖 3-12　揚州玉器廠工人
製作玉器(朱怡芳／攝)

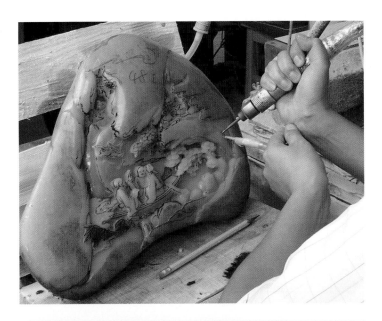

圖 3-13　1917 年 一1919
年,從浙江杭州市至餘姚
市的途中,治玉的老工匠
〔西德尼‧甘博(Sidney
Gamble)／攝〕

中國玉文化源遠流長,且
與社會生活的許多方面都
有著密切聯繫,不論是採
玉時辨識玉質還是琢玉工
具、碾琢技藝、造型、圖
案等方面都積累了豐富而
寶貴的經驗。圖中治玉的
老工匠就正在用「水凳」,
即採取腳踏竹板的原動力
方法,對玉石進行切、割、
拉、磨、鑽等十幾道工序,
最後才能雕琢成精美的玉
器。

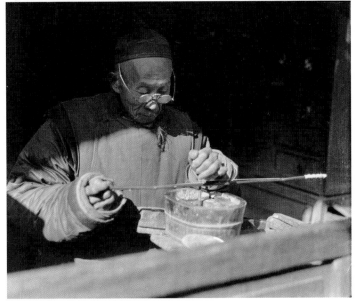

注曰：「瑳，巧笑貌。儺，行有節度。」瑳亦可釋爲笑時露出牙齒。這裏是說，佩玉表示人的行爲有節度，表示具有控制自己的能力。這在《衛風・芄蘭》中表述得更清楚：「芄蘭之支，童子佩觿，雖則佩觿，能不我知，容兮遂兮，垂帶悸兮。芄蘭之葉，童子佩韘，雖則佩韘，能不我甲，容兮遂兮，垂帶悸兮。」觿是一種錐形器，主要用於解結，佩觿表示已長大成人。(圖 3-14) 韘爲射御所用，古人能射御則佩韘，佩韘又表示人能決斷事物。(圖 3-15) 在這裏，佩玉成爲表示人格、能力的一種方式。

2.《禮記》所言佩玉

《詩經》所反映的時代，玉佩雖有多種用途，但已向人格化、道德化方向發展，佩玉主要藉以表示佩玉者的身分或品格、能力、氣質。經過其後多年的發展，尤其在儒家文與質相宜，形式與內容並存的思想和自我品德修養學說的推動下，形成了整套的佩玉理論。這套理論在《禮記》中得到詳盡的表述。

《禮記》是一部儒家經典著作，它的成書年代目前還有爭議，流行的觀點認爲是在漢代。《禮記》用儒家觀點充分解釋了佩玉。

《禮記》發揮了孔子品德修養的思想，並把人的品德與人身佩飾的玉器緊密聯繫在一起。《禮記・聘義》借助孔子的一段話，把自《詩經》以來人們對於玉的認識進行了總的概括：「子貢問玉於孔子曰：『敢問君子貴玉而賤珉者何也？爲玉之寡而珉之多與？』孔子曰：『非爲珉之多故賤之也，玉之寡故貴之也。夫昔者君子比德於玉焉，溫潤而澤，仁也；縝密以粟，知也；廉而不劌，義也；垂之如隊，禮也；叩之，其聲清越以長，其終詘然，樂也；瑕不掩瑜，瑜不掩瑕，忠也；孚尹傍達，信也；氣如白虹，天也；精神見於山川，地也；圭璋特達，德也；天下莫不貴者，道也。詩云：言念君子，溫其如玉，故君子貴之也。』」

孔子是否講過這段話並不重要，《禮記》借用孔子的話，對玉從仁、知、

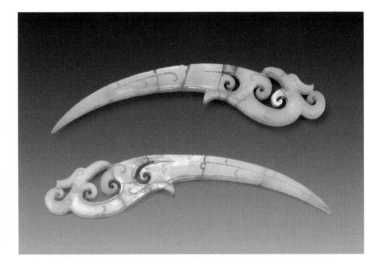

圖 3-14 鳳形觿 1 對，漢代

觿是古人解腰扣的工具。古時男人穿的衣服腰間要繫一根絲帶，用來繫衣褲。為防止内急時絲帶解不開，就要用它解扣。因它的形狀，前頭尖，越往後越寬，死扣不用解，往裏紧，扣自己就開了。

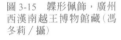

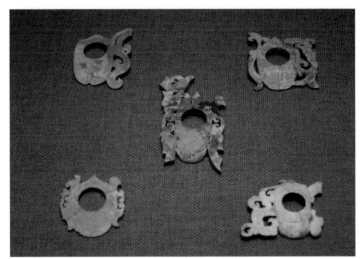

圖 3-15 韘形佩飾，廣州西漢南越王博物館藏（馮多莉／攝）

西漢南越王墓中出土 7 件韘形佩飾，5 件出土於墓主玉衣上，一件出於右夫人棺位處，另一件在左夫人的組玉佩中。這些韘形佩造型各異，且多不對稱。韘是射箭時戴在拇指上的勾弦用器。韘形玉佩飾從實用的玉韘演變而來，是漢代非常流行的佩玉。

義、禮、樂、忠、信、天、地、德、道十一個方面進行了概括。這些方面正是儒家關於人格、道德規範的要求，也是儒家用玉理論的基礎。

《禮記》強調佩玉的本質主要不是表現人的外在美，而是表現人的精神世界和自我修養的程度，也就是表現「德」。要求人們像玉那樣溫潤、縝密，

廉而不劌，孚尹傍達，氣如白虹。在《禮記・玉藻》中提出：「凡帶必有佩玉。唯喪否，佩玉有沖牙。君子無故，玉不去身，君子於玉比德焉？」要求君子時刻佩玉，時刻用玉的品性要求自己。這樣，就把玉當成了道德說教的工具。

《禮記・玉藻》篇還有兩段話，強調不僅要用佩玉規範人的道德，還要用佩玉之聲限制人的行為動作：「古之君子必佩玉，右徵角，左宮羽。趨以采齊，行以肆夏，周還中規，折還中矩，進則揖之，退則揚之，然後玉鏘鳴也。」、「故君子在車則聞鸞和之聲，行則鳴佩玉，是以非辟之心無自入也。」徵、角、宮、羽是古代音樂中的音階，兩段話講的是在行走時，使佩玉發出聲音，用佩玉鏘鳴之聲驅除非辟之心。事實上，要使佩玉按照一定的節奏規律發音，必須有整套的複雜動作。「周還中規，折還中矩，進則揖之，退則揚之」，這種動作極大地限制了人的活動自由，使人的注意力完全集中在佩玉上。（圖 3-16）孔子曾多次提出「克己復禮」，要求人們對內心的衝動和不平靜進行克制，反對宣洩抒發人的感情，《禮記》所言佩玉，正是孔子這一思想的發展。

另外，《禮記》還記述了古代用玉的等級制度。玉的不同等級，主要依玉的顏色質地而定，《禮記・玉藻》：「天子佩白玉而玄組綬，公侯佩山玄玉而朱組綬，大夫佩水蒼玉而純組綬，世子佩瑜玉而綦組綬，士佩瓀玫而縕組綬。」在這一用玉制度中白玉是最高等級。山玄玉是一種暗灰色青玉，《易・坤卦》「天玄而地黃」，玄是近似於天的顏色，《周禮》又講「蒼璧禮天」，所以玄與蒼應同是天青色。水蒼玉則是近於河水的顏色，應是碧玉一類的玉，瑜玉應為紅褐色，瓀玫為近似石的次玉。用玉的等級制度延續了很長時間，並且它用於宮廷內的各級嬪妃貴夫人。《晉書・輿服》「皇太子金璽龜鈕……佩瑜玉」。「貴人、夫人、貴嬪是為三夫人……佩於寶玉……皇太子妃金璽龜鈕佩瑜玉。郡公侯、縣公侯太夫人、夫人銀印青綬佩水蒼玉」。

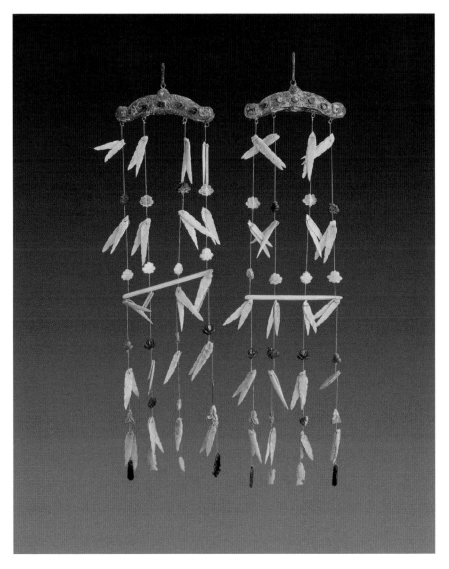

圖 3-16　龍紋鑲寶鎏金銅鉤玉佩飾，明代，北京
明定陵出土

中國夏商時出現冠服制度，周朝以後成為輿服制
度重要組成部分，滲透著等級尊卑的觀念。此玉
飾其形制與文獻記載基本相同，以葉形飾件為
主，又以花、魚等動植物作點綴，在程序中顯示
著變化，增添了無限情趣。

79

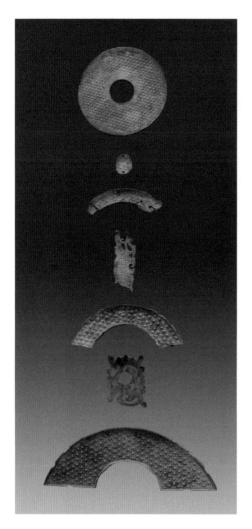

圖 3-17　左夫人組玉佩，廣州西漢南越
王博物館藏（馮多莉／攝）

類似的用玉制度記載在其他史書中也可
看到。

3. 佩戴方法種種

周秦兩漢，玉佩體系經歷了發展、
完善的過程，這一體系的玉器主要分為
兩部分：第一部分為珩、璜、環、沖牙，
為垂直懸掛於身前之佩，第二部分為人
身側面的玉觿、韘、印、玉具劍之佩。

《後漢書 · 輿服志》：「至孝明皇帝，
乃為大佩，沖牙、雙瑀、璜，皆以白玉。」
古文獻中還有「佩上有雙衡，下有雙璜，
琚瑀以雜之，沖牙批珠以納其間」的說
法。據目前出土文物提供的資料看，漢
代玉佩組合，依佩戴者身分不同而不同，
多不重複，江西省博物館存有一件漢代
玉舞人，人身掛有佩玉，上部為環，環
兩側有二沖牙，中部繫一繩，繩上吊一
璜，璜下又一沖牙。

湖北、廣東等地考古發掘材料中，
有關佩玉組合的內容很多，廣州漢代南
越王墓出土成組佩玉多套，器物之多，
雕鏤之精都是罕見的。其中有一組玉佩
由十四件玉器及金珠組成，這種垂直懸掛的珩、璜、沖牙佩玉體系，使用
延續時間非常長，到了明代仍使用。《明史 · 輿服》：「永樂三年定……
玉佩二，用玉珩一，瑀衣、琚二。沖牙璜二，瑀下垂玉花一，玉滴二，琢

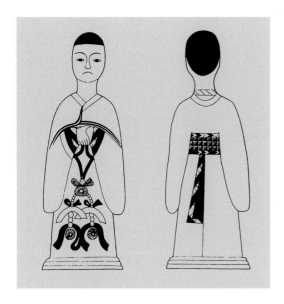

圖 3-18　漆繪組佩圖，戰國時期，
河南信陽出土的戰國懸掛玉佩的彩
繪漆木俑的繪畫，上海市博物館中
國古代玉器館藏（孔蘭平／攝）

古代貴族對玉佩的熱愛不是因爲玉
的貴重，而是遵奉「君子無故，玉
不去身」。婦女佩玉多以金絲結成
花珠，間以珠玉、寶石、鐘鈴，貫
串成列，施於當胸。使用則在宮裝
之下，命服則在霞帔之間。魏晉以
後，女子多繫玉在衣帶上，環佩叮
噹，悅耳動聽，因此「環佩」也漸漸
成了女性的代稱之一。

飾雲龍紋描金，自珩下繫組五，貫以玉珠，行則沖牙、二滴與璜相觸有聲。」
（圖 3-17）（圖 3-18）

　　人身兩側的佩玉，上古時主要是觿、韘，《禮記‧內則》：「左佩紛帨、
刀、礪、小觿、金燧，右佩玦、捍、管、遰、大觿、木燧。」而後又出現
了佩印、卯的現象。在佩劍之風盛行後，則出現了左帶玉具劍，右帶環佩
的佩戴方式。對此《說苑》有一記載：「經侯過魏太子，左帶玉具劍，右帶
環佩，左光照右，右光照左，太子不視，又不問。」另外，到了唐宋之時
又有了佩魚之制。

神化了的玉器

玉一度是比金更珍貴的材料，這不僅因爲好的玉材非常難得，更由於金只表示富貴等級，而玉則不然，帝王用之以示天意，君子佩戴表示品德高尚，俗人戴上可以附庸風雅。透過這些，我們能看到另一個世界，即神化了的玉雕世界。

古人認爲玉是自然界的精華，能夠和自然界的神靈相通，並認爲玉與整個世界在總體上存在著聯繫，是介於此世界與彼世界的紐帶和橋樑。於是關於玉的各種學說相應而生：玉能使屍體不腐，玉能起死回生，玉能通神辟邪，玉有植物的秉性，能自然生長……

1. 深奧莫測的紋飾

夏商周時期，玉器的紋飾向複雜化發展，禮器以外的玉器，較多飾有花紋，花紋以長線條陰線爲主，這種裝飾往往用來表示神的威嚴和莊嚴的氣氛。春秋戰國乃至漢初，玉器的紋飾不同商、西周或明清人獸分明的風格，除鏤雕龍鳳外，一般器物的紋飾是一種深奧莫測、結構簡潔的紋樣。

這種紋樣的首要特點是滿而密，器物表面雕滿飾紋，不留空白。商周

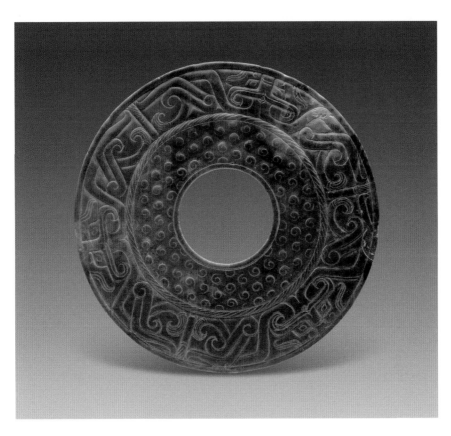

圖 3-19　玉璧，戰國時期，荊州高台墓地出土，湖北省荊州博物館藏（楊
興斌／攝）

在古代荊楚大地，崇神信鬼，「崇巫」成為楚文化的一大特徵。喪葬用玉中，
玉璧就成為較為特殊的一種物品，體現出人們以玉璧導引靈魂升天、企盼
生命無限延長與再生的強烈宗教情感。楚國的玉器造型靈動，多以不對稱
形構圖出現，充滿力量和運動感，創造出了雙聯璧、出廓璧、雙層璜、出
廓璜等新奇的造型，散發著濃厚的神祕氣息。

玉器中，雖有一部分玉器的紋飾也較滿，但紋飾勾回較大，留出了較多的
空間。春秋戰國玉器，除少數獸鳥形紋飾外，皆用小的單元圖案，四方連
續排列，將紋飾鋪滿器身，突出的特點是滿而密。（圖 3-19）

　　此時紋飾的另一個特點是抽象而精細。許多紋飾很難說清它的寓意，

83

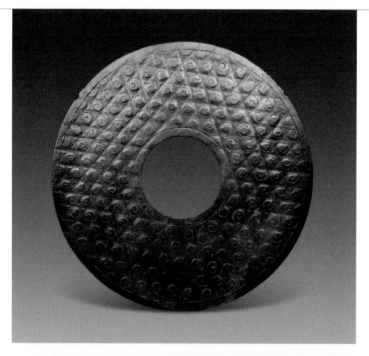

圖 3-20　碧玉穀紋璧，戰國時期（莫健超／攝）

古人用玉製成的禮天器物，璧上琢「穀紋」，排列密集。此種紋飾，有人稱之「蝌蚪紋」或「雲雷紋」。碧玉是一種半透明呈菠菜綠色的軟玉，絕大多數為綠色，質地細膩，如墨綠色凝脂，很少有瑕疵，歷來是玉雕工藝品的上乘之選。

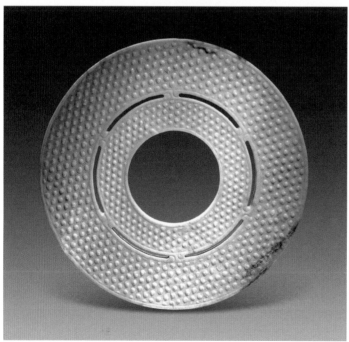

圖 3-21　重環穀紋璧，戰國時期，上海市博物館藏（孔蘭平／攝）

璧有以下幾種用途：一為禮器，二為佩玉，三為禮儀饋贈品，四為葬玉。玉璧的紋飾隨著時代不同而有變化。此兩塊璧上鐫刻有成排的密集小乳釘，乳釘上雕成旋渦狀如同穀牙，取其穀可養生之意，表示長江流域的人們對農業生產的重視。

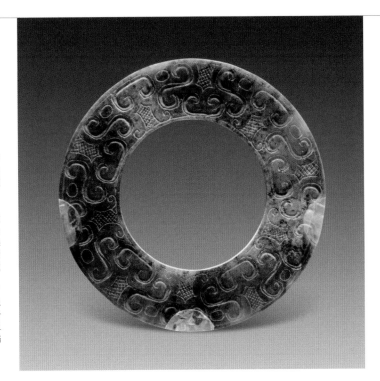

圖 3-22　玉璧，戰國時期，荊州熊家塚墓地出土，湖北省荊州博物館藏（楊興斌／攝）

該璧描繪的物像是楚人建構的一個神奇的靈魂升仙過程。人死後神獸爲其驅除屬鬼以辟除不祥，並祈求仙人的庇護，使死者遺體免遭殘害。巫術文化、神話故事在玉器上得到了充分的反映，紋飾上的線條自由流暢、纖細且富於彈性，色彩更加豐富，從而形成了飛揚流動、詭譎神祕的獨特風格。

在一些簡單的紋飾中充滿著豐富的想像。例如，穀紋，並不如《三禮圖》等書所繪穀璧上的禾苗穀穗，而是密集排列的螺旋凸起。每一穀粒似一剛發芽的穀種，又似別的什麼東西。（圖 3-20）（圖 3-21）

最常見的紋飾是勾雲紋，有雙陰線刻、單陰繞刻及凸起等手法。這些紋樣互相之間正反相連，上下相撞，縱橫相連，巧妙地組合出不同的圖樣。

另外還有一系列的輔助紋樣，如凸起的蝌蚪形紋樣、網狀紋、絲束紋、集束線、平行線、勾狀線、柿蒂紋和「山」形紋等。在許多這類紋樣組合中，隱約留有獸面的痕跡，似乎表示著一種窺測萬物的神靈，而紋飾的每一細部，又似乎處於無限的蠕動之中，因而有人名其爲「蟠虺」紋或「竊曲」紋。（圖 3-22）這些紋樣的雕琢異常精細，用線條的粗細凹凸變化，表現出不同層次，一層精於一層，使賞玩者百看不厭。

2. 喪葬用玉與玉的性靈

古人死後多用玉殉葬。有一種傳說，認為古人入葬時，經常用水銀或朱砂浸泡屍體，而水銀遇玉則凝，因此，用玉斂屍，塞堵九竅，就能使水銀等物不能瀉入人體。另外，古代還有用玉斂屍可使屍體不腐的說法。《抱朴子》就有「金玉在九竅，則死人為之不朽」。據《太平御覽》記載：「吳景帝時，戍將於江陵掘塚……棺中有人，鬢毛斑白鮮明，面體如生人。棺中有雲母，厚尺許，白玉璧三十雙以藉身又作屍，兵人舉出死人以倚塚壁。一玉長一尺，形似冬瓜，從死人懷中出，墜地。」其實，古人有許多屍體防腐的辦法，把這一功勞簡單地歸功於玉，實為謬誤。

古代的九竅用玉指眼瞼、鼻塞、耳塞、玉琀、肛塞和陰部用玉，其中最重要的是玉琀。（圖 3-23）《後漢書‧禮儀下》記大喪需：「飯含珠玉如禮。」《禮稽命徵》說「天子飯以珠、含以玉」。湖北擂鼓墩曾侯乙墓出土的琀玉為豬、羊、牛、狗等形。漢以後大量使用玉蟬做琀玉。（圖 3-24）蟬幼蟲自土中鑽出，蛻變而生為成蟲，可能含玉蟬正象徵人的轉世再生。

關於喪葬用玉，《周禮‧春官‧典瑞》有：「駔圭、璋、璧、琮、琥、璜之渠眉。疏璧、琮以斂屍」的說法。鄭玄解釋說：「斂屍者，子大斂為加之也。……渠眉，玉飾之溝瑑也，以組穿聯六玉溝瑑之中以斂屍。珪在左，璋在首，琥在右，璜在足，璧在背，琮在腹，蓋取象方明，神之也。疏璧、琮者，通於天地。」

喪葬用玉中最高檔次，當屬金縷玉衣。《後漢書‧禮儀‧大喪》記「金縷玉柙如故事」，玉柙即玉衣，又稱「玉匣」，是漢代皇帝和貴族死時使用的殮服，可能是由春秋戰國時死者入葬時使用的「綴玉面幕」和「綴玉衣服」演變而來，玉衣為殮服的習俗一直延續到東漢末年。曹魏黃初三年，魏文帝曹丕鑒於「漢氏諸陵無不發掘……」停止了玉衣的使用。在初行玉衣的西漢時期，用於縫綴玉衣的可能是金絲，皇帝和王侯皆可使用金縷玉衣。東

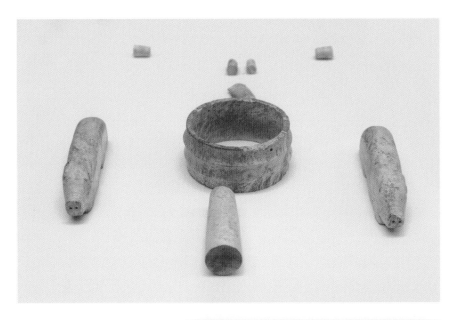

圖3-23　喪葬禮器玉七竅塞，西漢，
1995年長清雙乳山濟北王陵出土，
山東長清區博物館藏（俄國慶／攝）

古代人下葬時要用玉器塞住人身上
的七竅，就叫七竅塞。古人認為在
入葬前把死者的七竅塞住，便可防
止體內精氣逸出，而使遺體永不腐
朽。七竅塞一般是耳塞、鼻塞、口
含、眼蓋，有的達官貴族還要加上
玉肛門塞，玉女陰塞或男性器罩，
以求屍體不腐。

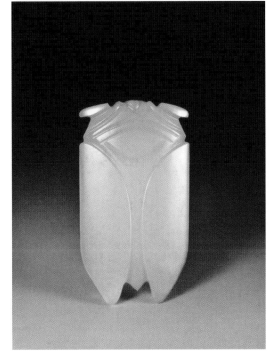

圖3-24　玉蟬，漢代，首都博物館
藏

古人重喪葬，生以事死，不忍死者
口中虛空，故置之以實其口。死人
口中含玉謂琀。古人又認為人死後
可以再托生，正像蟬脫殼後可以再
變成知了，故而十分推崇用玉蟬做
口琀，並演變成為了一種時尚，表
達了古人期盼死者也像蟬一樣早日
蛻變托生的願望。

87

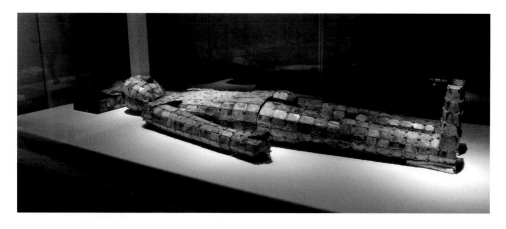

圖 3-25　金縷玉衣，2010 年，浙江博物館，中國國家博物館「國家寶藏」全國巡迴展（Alchemist ╱ 攝）

古人迷信玉能使人「永生」，使屍體不朽，於是從商周時期就用玉殮葬，到了春秋戰國時期，演化爲綴玉面幕和綴玉衣服。漢朝初期，帝王下葬都用「珠襦玉匣」，形如鎧甲，用金屬絲連接。這種「玉匣」就是人們所說的金縷玉衣。大約到了西漢文景時期，金縷玉衣已經成爲規格最高的喪葬殮服，漢代中期不僅皇帝，連一些貴族死時都穿「玉衣」入葬，這種習俗一直延續到東漢末年。

漢時，使用玉衣便分爲金縷、銀縷、銅縷三個等級。目前考古發現已出土的玉衣在二十二套以上。（圖 3-25）

　　古人對玉的性靈，有許多迷信的認識，流傳較廣的是玉如植物能生長和玉是靈丹妙藥的說法。晉代干寶所記《搜神記》中記有種玉的傳說：孝子楊雍伯，其父母死後葬於無終山，他爲了守孝，便住在無終山上，山上缺水，他經常在山坡上向行人施水，有一個人喝了水後，送給他一升石子，告訴他可以用石子種玉，並說楊雍伯可以得到美妻，後來楊雍伯向姓徐的人家求婚，姓徐的戲他說：「拿一雙白璧來，就把女兒嫁給你。」楊雍伯到了他種石的地方，得到白璧五雙，聘徐姓女爲妻，並把種玉之處名爲玉田。（圖 3-26）

　　把玉當成靈丹妙藥，主要見於道家典籍。《抱朴子 · 內篇》：「玉亦仙藥，但難得耳，服金者壽如金，服玉者壽如玉也。又曰：服玄眞者，其命

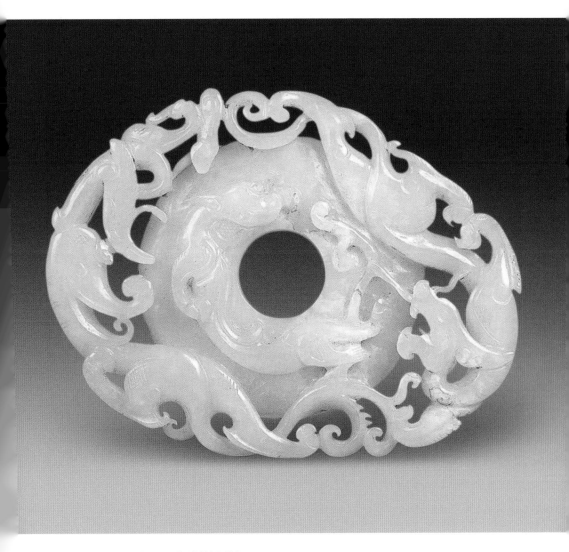

圖 3-26　白玉三螭出廓璧，明代（莫健超／攝）

古人認爲螭是一種神獸，漢文獻中多有關於螭虎的記載。古人還認爲
它是一種沒有角的龍。古建築或器物、工藝品上常用它的形狀作裝
飾，作爲一些器物上的飾紋。三螭就是三條螭龍盤虯環繞相銜組成一
圓圈，在璧的周邊作爲紋飾出現，稱之爲「出廓璧」。

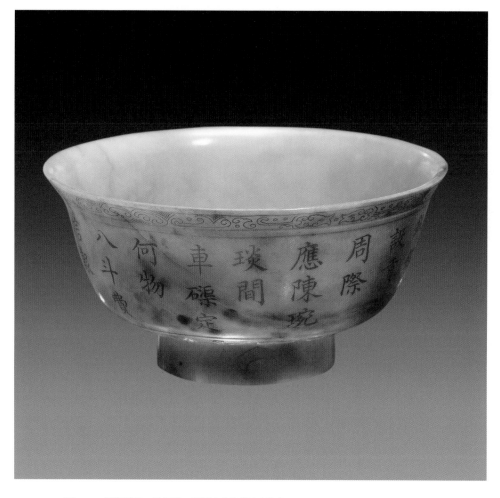

圖 3-27　御製詩碗，清乾隆，許國文先生藏（王達寧
／攝）

碗作為人們日常生活的必需品，唐以前器形較多，
但形狀幾近不變，變化的只是質料、工藝水準和裝
飾手段。以玉作碗，當自宋始，而清代碗則無論在
哪一方面均勝過前朝。皇家用碗更讓人歎為觀止。
如此碗陰刻隸書乾隆御製詩銘文。碗底圈足內管鑽
陽文篆書「乾隆御用」方形印，具有典型宮廷氣息，
代表了當時清代御用玉器治玉工藝最高的製作水
準。

不極。玄眞者，玉之別名耳。令人身飛輕舉，不但地仙而已，服之一年以上，入水不霑，入火不灼，刃之不傷，百毒不犯也。……赤松子以玄蟲血漬玉爲水服之，故能乘煙上下也。若服玉屑者，宜水餌之，俱令人不死。」《酉陽雜俎·盜俠》記載馬侍中珍藏著一件玉精碗，夏天蒼蠅不敢接近，盛水後經月不耗，人有眼病，含著這個碗裏的水就能復明。（圖 3-27）

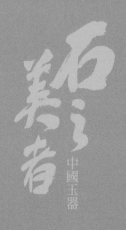

石之美者
中國玉器

4

緩慢的進程

▌儒家思想的衰退及其對玉器發展的影響

　　漢代玉器結合了秦以前玉器發展的成果，在儒家學說的指導下，建立了以禮器、佩飾爲主體的儒家玉器體系，並使這一體系主導了玉器的發展。在這一體系的指導下，漢代玉器的生產、製造和使用取得了極大的成功。

　　但是，自東漢末年開始，中國玉器的發展進入了低潮，這個低潮期歷時非常長，經歷了三國、兩晉、南北朝、隋、唐幾代，持續了數百年。這一時期，玉器生產數量銳減，從考古發掘來看，自魏晉到唐中期，墓葬中出土的玉器很少，器件的體積又小，大型玉禮器和成組玉佩飾很少出現或幾乎沒有發現；唐代玉器，尤其是佩玉，雖然藝術風格有所變化，但整體上卻很不發達。這些無可爭辯地表現出一個事實：在這一時期，以儒家學說爲指導的玉器體系衰落了。（圖 4-1）（圖 4-2）

　　自漢武帝「罷黜百家，獨尊儒術」起，儒家思想在二百年內一直處於至尊至上的地位。漢代統治階級宣傳儒家學說主要側重兩個方面，一是與建立什麼樣的國家制度和社會秩序有關的儒家禮制學說；二是規範人們行爲，維護封建禮制的儒家道德學說，而以禮器、佩飾爲核心的儒家玉器體系正

93

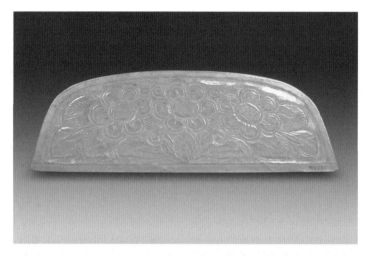

玉梳背是木梳或者銀梳上的嵌飾。梳齒插入髮中，背部飾有花紋圖案，最初可能是作為神靈象徵物或巫術所需的一種法器。在唐代，因婦女髮髻高大，造型多種，髮髻上的裝飾也十分豐富，故十分流行。當時，貴族婦女多喜歡在髮髻正中處或周圍插上若干個小梳子作裝飾。

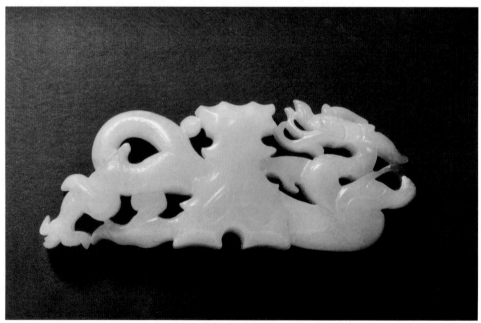

圖4-2　行龍奇石嵌飾，唐代，北京傅忠謨先生舊藏

嵌飾就是利用壓力將某種物件做成的動物或其他圖案鑲嵌於另一物件上。其起源於戰國，主要用於對屏風的雕刻，後逐漸用於其他的器具。這一嵌飾似飛舞的龍，形態威武雄壯，龍身飾有鱗紋樣的紋飾，周圍配以雲紋，為唐代玉雕之佳品。

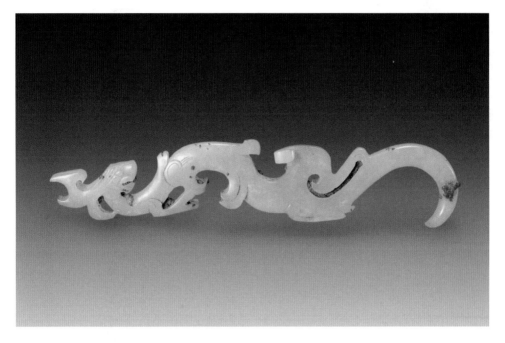

圖 4-3　「∽」形螭龍，漢代

「∽」形螭龍成形於西周時期，戰國西漢時期達到高峰，是充滿生命活力的藝術形式。展現了一種相互轉化，對立統一的形式美，是古代先民用圖形表現出來的宇宙觀和認識論，除在中國玉器上大量使用外，中國其他工藝美術也廣泛應用。

好適應了漢代統治者的需要。（圖 4-3）（圖 4-4）（圖 4-5）（圖 4-6）

　　儒家思想在漢代經歷了二百年的發展後出現了自身的衰退，在理論思維上日趨退步，而且走向了神祕主義和讖緯迷信，同時社會上反對儒學的鬥爭也不斷發展。首先站出來反對儒學的是一批知識份子，繼而是黃巾起義對儒家思想的衝擊，到了魏晉時期，玄學的興起是對兩漢儒學的進一步否定。

　　玄學是在道家思想和儒家思想的基礎上發展起來的，魏晉玄學主要是研究《老子》、《莊子》、《周易》三本書，所謂「玄」出於《老子》「玄之又玄，

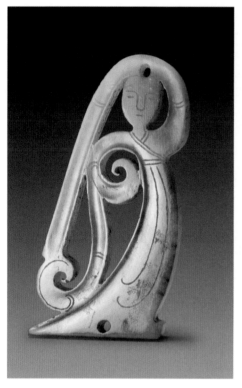

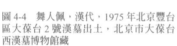

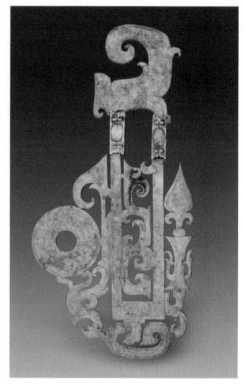

圖 4-4　舞人佩，漢代，1975 年北京豐台
區大葆台 2 號漢墓出土，北京市大葆台
西漢墓博物館藏

玉舞人一般是長袖折腰的女性，從夏商
始，女樂表演已成爲宮廷享樂的主要形
式，漢代則不論是宮廷，還是王侯將相
家中，都以蓄養女伎的多少爲權力與財
富的象徵，玉舞人的出現正是社會上層
宴飲尋歡生活奢華的眞實反映。

圖 4-5　鳳紋牌形玉佩，廣東廣州南越王
博物館藏（戴熾賢／ CTPphoto ／攝）

鳳紋牌形玉佩，獨特的不對稱設計，形
象美觀，迎合了南越國的第二代王趙眜
祈求健康長壽、辟邪的心理，對研究秦
漢時期嶺南土地開發、生產、文化、貿
易、建築等狀況以及南越國歷史等方面
都具有重要價值。

眾妙之門」一語。

　　玄學的創始人是僅活了二十三年的青年學者王弼。《晉書・王衍傳》
曰「魏正始中，何晏、王弼等祖述老莊之論，以爲天地萬物皆以『無』爲本。
『無』也者，開物成務，無往而不存也，陰陽恃以化生，萬物恃以成形，

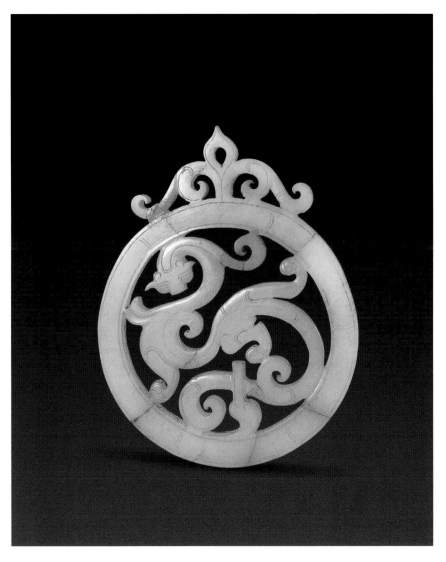

圖 4-6　螭虎紋佩，漢代，1974 年北京豐台區大葆
台 1 號漢墓出土，北京市大葆台西漢墓博物館藏

所謂「螭虎」，身形如虎，爲螭與虎的複合體。虎是
大家都很熟悉的，螭又是什麼東西呢？《說文解字》
云：「螭，若龍而黃，北方謂之地螻，從蟲，離聲，
或無角曰螭。」說白了就是無角龍，象徵著皇權與吉
祥。

賢者恃以成德，不肖者恃以免身，故『無』之爲用，無爵而貴矣。」王弼提出，天地萬物以「無」爲本，儒家「名教」亦本於「無爲」，「無爲」是推行禮義之治的根本，「禮敬之請，非用禮所濟也」，應如《老子》中所言「載之以道，統之以母」，所謂的「母」指的就是無爲。在王弼看來，「禮」的本體應是無爲，無形無象，沒有任何質的規定性。他雖然承認「禮」的存在，但對「禮」又進行了形式上的否定。魏晉玄學對儒家繁文縟禮的形式的否定，也是對玉禮器體制的否定。

王弼之後，玄學內部發展出現「異端」，以嵇康、阮籍爲代表，提出「名教不合自然」，崇尚自然而蔑棄儒家的「禮法名教」，主張「六經爲荒穢」、「仁義爲臭腐」，人性追求應如嵇康在《難自然好學論》中所言，以「從欲爲歡」，這裏面雖然有尋歡縱欲的腐朽思想，但也包含了對於人性自由的追求；這對於用以約束人們行爲的儒家所提倡的用以「比德」的玉佩飾體系，自然是一種否定和衝擊。

儒家學說，或曰儒家有關用玉的學說，還受到了驟然發達的佛學的衝擊。南北朝時期，由於社會的動亂和統治階級的提倡，佛教迅速流傳、日益盛行，並上升爲門閥地主階級的意識形態。北魏和南梁都曾把佛教定爲國教，南朝梁武帝蕭衍還宣佈「唯佛一道是爲正道」。在這種情況下，千百萬人皈依佛教，投靠沙門，無論是世家權貴還是平民百姓。

這時的佛教雖然逐步同中國傳統思想結合，一些佛教思想家著重討論佛教教義同中國政治制度及傳統思想的一致性，但佛教同儒家思想及中國傳統觀念尚未融合。據《理惑論》記載，當時佛教被斥爲「違聖人之說，不合孝子之道」。而這一時期佛教的發展，佛家思想的流行，對於儒家有關用玉的思想自然又是一種抵制。

▌ 工藝美術的發展及玉器產量的銳減

　　玄學及佛學的流行對工藝美術的發展帶來了很大的影響，首先它衝擊了以儒學爲指導的漢代禮制藝術，其次提高了藝術中人的個性表現。

　　漢代的藝術品，無論哪個類別，它的主流總是以表現禮制內容爲主。工藝品中的銅器、玻璃器、漆器、玉器等類的代表作品或精品，多是禮器。（圖 4-7）雕塑中的享堂碑闕、墓俑人物，大型造像又同吉、凶、婚、喪等禮儀有密切聯繫。即使是圖畫題材，也多是禮儀活動或聖人神仙、忠臣義士以及歌舞飲宴

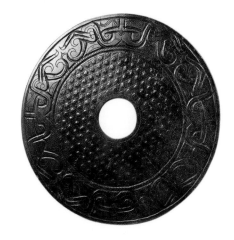

圖 4-7　碧玉獸面穀紋大璧，西漢（莫健超／攝）

璧是玉禮器中使用較爲廣泛的圓形玉。對其淵源說法不一，有人認爲璧源於環而演變，也有人認爲其源於人們對日月神的崇拜。追本溯源，應該說是客觀事物在人們頭腦裏形成的反映，特別是進入奴隸社會後，玉和玉器有了神靈和迷信的色彩，成爲權力的標誌和等級制度的象徵，貴族朝聘，廟堂祭祀，喪葬禮儀等儀式中用璧都有嚴格的規定。

等場面，缺少生活氣息和人的個性，理念化傾向非常明顯。魏晉以後世風一變，薄葬代替了厚葬，文人清談代替了煩瑣的禮節活動，文人們的藝術活動增加了，人物畫興盛，山水畫萌發，「氣韻生動」成爲繪畫追求的目標。秦漢兩代墓葬藝術中聲威俱壯的兵馬俑方陣，曾以雄武的大一統精神令現代人震驚，而西善橋墓、胡橋墓、建山墓三處六朝墓葬中的《竹林七賢與榮啓期》巨幅刻磚壁畫則表現了禮法衰退、儒學停輟、崇尚清談、提倡放達的精神狀態。

從魏晉到唐，玉器發展在形式上衰退了，工藝美術的其他品種卻取得了巨大的發展。青瓷突起，代替了日用品中的銅器、漆器，白瓷也以其色質純淨、潔白瑩潤而譽滿千家。染織刺繡、夾紵髹漆、金屬細工都有新的成就，但其中成就最爲輝煌，大有取代玉器之勢的是金銀器。

自六朝開始，統治階級即喜歡用金銀飾物表示豪富，金銀器開始填補了玉器衰退後出現的空白。到了唐代，金銀器製造異常發達，特別是在唐開元、天寶年間，社會風氣日變，器物多用金銀，這一時期墓葬中金銀器物的出土量之大是空前的。西安南郊何家村出土的唐代高宗至德宗時窖藏文物中的金銀器，鎮江丹徒縣丁卯橋出土的唐代窖藏銀器及法門寺地宮藏金銀器均以其燦爛奪目的光彩、優美的造型、精細超人的加工技術令現代人震驚。何家村窖藏金銀器二百七十多件已屬眾多，丁卯橋窖藏銀器又大大超過了此數，計有九百五十件以上。而這個時期的玉器，無論是考古發掘得到的或傳世品，除玉帶板尙可數計外，其他器物皆爲數甚微。

目前發現的數量最大的一批唐代玉器，是西安南郊何家村窖藏文物中的玉器，有白玉刻花羽觴一件、玉杵一件、方玉一件、玉帶銙八件、鑲金白玉鐲二對。（圖4-8）而同墓出土的金器，不算金幣尙有三十八件，其中金碗三件、金杯五件、金鍋一件、金盒二件、金盆二件、金裝飾品二十五件。同窖而藏的銀器，上面已提到過，數量更爲可觀。

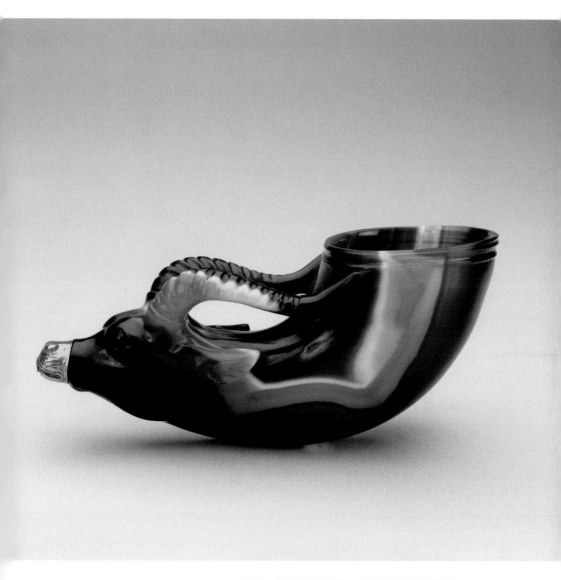

圖 4-8　鑲金獸首瑪瑙杯，1970 年在陝西西安市南
郊何家村出土（邱子渝／攝）

此杯形似獸角，故也有稱角杯的。這種形制，起源
於西方，希臘人稱之為「來通」，後來才傳播到亞洲。
因此有的學者推測此杯是從中亞或西亞進獻來的禮
品。但深入研究者堅信，此杯出自唐人之手，是唐
代玉器做工最精湛的一件。

玉器發展的新起點

　　唐代玉器，生產數量雖然不多，但在品種和藝術風格上卻有新的發展，帶有明顯的承前啓後的特點。唐代玉器可分兩類，一類是璧、琮、璜、圭等玉禮器。從史書記載上看，器名和使用方法同漢代區別不大，但琮、圭的實物很難確定，所見璧、璜器物很少，紋飾同漢代極其不同。另一類是帶有濃厚生活氣息的玉器，多爲用具、佩飾、帶飾，其最大的藝術特點就是寫實，圖案按客觀事物的本來面貌表現事物。(圖 4-9)(圖 4-10)(圖 4-11)

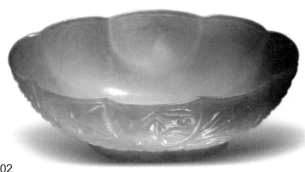

圖 4-9　白玉纏枝紋八稜碗，唐代，陝西西安市南郊何家村出土，陝西歷史博物館藏(郝金剛／攝)

唐代經濟發達，國力強盛，有大量的外國人到中國來。外國人的到來不僅僅是進行商貿活動，同時也把一些外來的文化帶入中國。在這個背景下，就出現了一大批造型新穎、富麗華美、格調高雅、巧奪天工的傳世之作，其中最有代表性的就是白玉纏枝紋八稜碗。

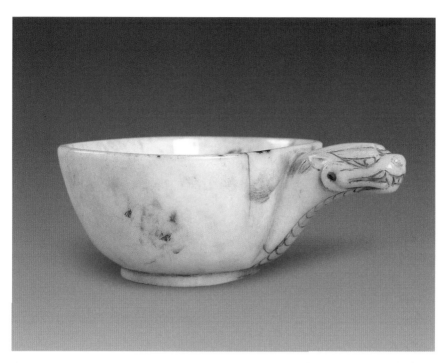

圖 4-10　白玉龍首把杯（莫健超／
攝）

在這個時期已普遍採用產自西域的
和田玉，並吸收了西域文化，也就
是我們所說的「西方玉屬」。和田
玉溫潤晶瑩的特性在各種動物造像
中也得到了充分的體現，從而使形
象美與玉材美和諧地融為一體，提
高了玉器的藝術性和鑒賞性，盛唐
玉器達到氣韻生動的藝術境界。

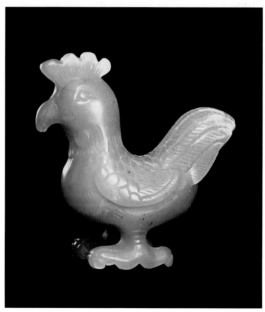

圖 4-11　玉雞，近現代（陳浩／攝）

雞是人類最早認識的朋友，所以玉
雞最晚在漢代就已出現，雞與人類
的生活息息相關，又與吉字同音，
所以在十二生肖中便屬於較受歡迎
的一種。更為有趣的是，雌雞雖為
人類作出了十分寶貴的貢獻，其他
的屬相造型一般都不分雌雄，但玉
雞的形象卻幾乎全是雄的。

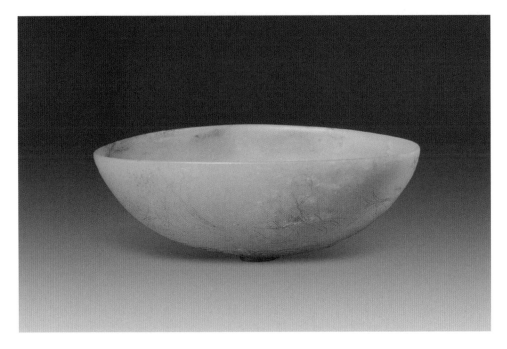

圖4-12　白玉人物紋船形杯，唐代

一面爲兩飲者，一人挽袖舀酒，一人舉杯而飲。另
一面亦爲兩人，一人執杯欲飲，一人鼓掌助興。兩
側面各一人，似爲侍者，手舉酒器以待酌酒。所刻
人物，裏衣博帶，或身著窄袖短衣，形象生動，線
條流暢，反映了當時崇尚清高、縱酒作樂的逸士風
度。

　　故宮博物院歷代藝術館陳列了一批唐代玉杯。這些器物造型具有鮮明
的時代風格，或飾三岐流雲紋，或飾蓮瓣紋，與漢魏之風迥然不同，使人
耳目一新。（圖4-12）在現知唐代玉容器中，最有代表性和最精彩的是故宮收
藏的白玉人物紋船形杯。這個杯高早4.8公分，口徑8.5公分×14.9公分。
船形，似觴而無耳，圓餅式小足，底部環足陰刻卷草式雲紋，或曰三岐流
雲紋。杯兩側雕兩兩相對人物四個，其中一側的胖者，挽袖舀酒，瘦而長
鬢者與其相對，舉舟形觴而飲，另一側雕一執杯者，背後置大鉢，另有一

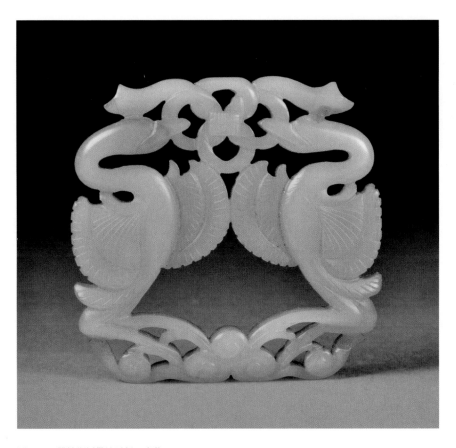

圖 4-13　雙鶴銜綬帶流雲佩，唐代

以動物相對爲圖案，源於波斯薩珊王朝。但鶴卻是中國人看中的禽
類，隨著道教的發展，被視爲仙禽和長壽的象徵，故以對鶴爲飾則是
中國自己發展出來的。此件雙鶴下有流雲，共同銜一四環綬帶結。此
類綬帶結又見於陝西藍田出土的唐「八瓣四出綬帶紋銀碗」上，可知
也是唐流行的裝飾題材。

人鼓掌助興。杯兩端各雕一侍者，手舉葫蘆形與舟形器，酙酒助興，杯外
共雕六人，皆趺坐。

　　唐代玉佩一改戰國及漢代佩玉及組合方式，出現了嶄新的面貌。(圖 4-13)
首先是頭飾玉片步搖驟增。「步搖」之物，漢晉就有。唐代玉步搖是由金、

105

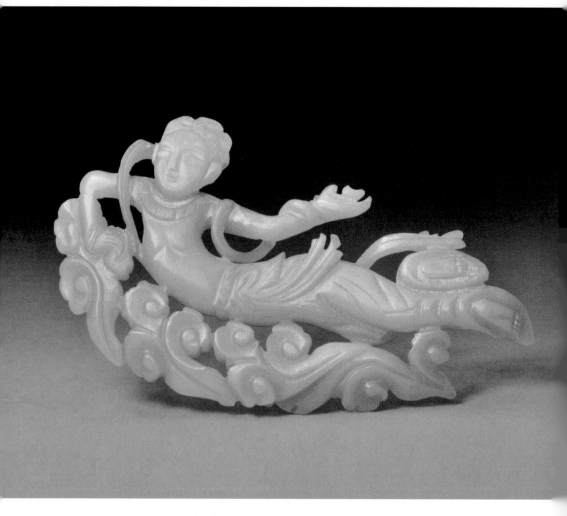

圖 4-14　飛天，唐代，北京故宮博物院藏

唐代玉器中的佛教文化內涵豐富多彩，是唐代玉器
重要的文化特色，其中以飛天為典型代表（玉飛天之
源），唐代玉飛天是當今所見到時代最早的飛天玉
器，是後世同類玉器的先導。飛天為印度佛教諸神
之一，印度梵語稱他們為「乾闥婆」與「緊那羅」，即
天歌神與天樂神，是飛天形象的原型。唐代飛天玉
器均由新疆和田羊脂玉、白玉雕就，在玉材和藝術
上表現出飛天的聖潔與高貴。

銀、銅等金屬嵌玉而成。玉與簪間爲金屬製的「山提」，所嵌玉片極薄，雕有精緻的花鳥紋飾。人身佩玉也出現了新形式，這種佩玉爲橢圓形，或近似菱形，上部邊緣爲連弧形有孔，這可能就是史書所記唐人佩的玉琪。西安唐越王李貞墓出土了玉佩飾七件，廣東韶關張九齡墓、陝西永泰公主墓，都有玉佩出土，這些玉佩爲我們認識唐代玉器提供了很有價值的資料。

晚唐及五代的玉器，在安徽合肥地區出土過金鑲玉步搖、銀鑲玉步搖，但所嵌玉片很小。杭州三台山五代墓出土的玉片很有代表性。玉片分爲兩種，一種玉片較大，長度約十幾公分，近似長方，一邊爲直線，另一邊兩端呈弧狀，邊緣有細陰刻長線，中部雕花紋。這類玉片，傳世品中較常見，俗稱梳子背。第二種與第一種形狀相同，但很小，似爲步搖嵌件，兩面雕花鳥紋。

唐代還盛行一種玉雕飛天，一般都雕一橫身人物，手持花枝，身下有幾朵鏤雕的雲或卷草，兩臂高抬，兩腿略盤繞，上身裸袒，下身著長裙或肥褲，同宗教壁畫中的飛天相比，更似人而不似神，如果沒有宗教上飛天的啓示，人們從玉雕作品上很難看出它同宗教的聯繫。(圖 4-14)

據說，飛天是佛教中佛陀的八部侍從中乾闥婆與緊那羅的合稱。乾闥婆意爲天歌神，緊那羅意爲天樂神，一些文獻稱之爲「飛天伎樂」。在佛教與道教融合下，又產生了飛仙，它的原型是道家的羽人，受佛教造型影響去掉了雙羽，披上了長帛。有人認爲飛天頭後有圓光環，無雲彩，飛仙頭後無圓光環，身旁有雲氣飄流，但總體上看飛天、飛仙唐人多不分。

唐代玉飛天有以下特徵：第一，上身裸袒，臉型豐滿。第二，衣裙貼於腿股，形成所謂「濕褶紋」，這是受「曹衣出水」畫風的影響。相傳唐曹霸所畫人物，衣袍總貼於身，似剛從水中走出，故稱「曹衣出水」。這種藝術風格在唐代雕塑及玉器上也多有表現。第三，身下雲紋或卷草紋細而長，頂端向兩側分卷，中間有一小凸起。

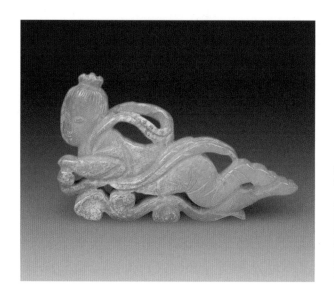

圖 4-15　白玉飛天人物，
宋代（莫健超／攝）

宋代玉飛天一般以正面臉
出現，五官清晰，身體姿
態不如唐代美，顯得較呆
板。不見輕盈飛翔的姿
態，呈靜止狀，體態肥碩，
沒有仙女般秀美，也缺少
了些浪漫。

　　玉飛天在東北地區金代墓中也有發現，說明玉飛天在金或南宋時仍有
使用，但東北所出玉飛天，身外裝飾過多，整體似方形，也不具備上述唐
飛天三特點。（圖 4-15）

　　唐代玉器中，最多見的是玉帶飾，或稱帶板。（圖 4-16）一般都較厚，方
形或長方形，近似滿月形的也常見，有的還鑲以金邊。帶飾上大多淺雕人
物、花鳥、動物紋飾，尤以各種伎樂人為多，其人多著細袖衣，腿緊裹，
面似西域胡人。雕琢方法也極有特徵，圖案邊緣有細而短的密集陰刻線，
自邊緣向內緩緩凹下，似坡面，又似淺盤，人物或動物在中部凸起，與邊
緣同高。唐代有明確的使用玉帶的制度，《新唐書·車服》對此記述：「其
後以紫為三品之服，金玉帶銙十三；緋為四品之服，金帶銙十一；淺緋為
五品之服，金帶銙十；深綠為六品之服，淺綠為七品之服，皆銀帶銙九；
深青為八品之服，淺青為九品之服，皆瑜石帶銙八；黃為流外官及庶人之
服，銅鐵帶銙七。」

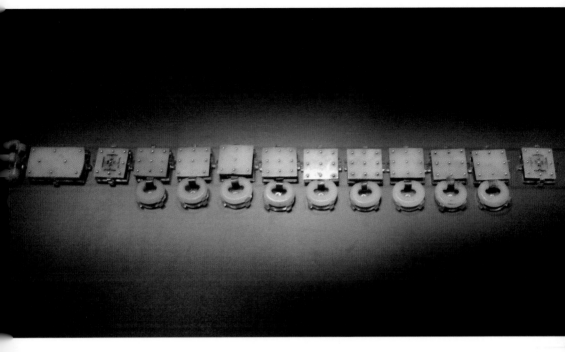

圖4-16　白玉金釘蹀躞帶，唐代，陝西歷史博物館
藏（郝金剛／攝）

蹀躞帶本為胡制。帶間有帶環，用作佩掛各種隨身
應用的物件，如帶弓、劍、紛悅、算囊、刀、礪石
之類。其制本採自馬上的秋根，為適應馬上需要而
製。蹀躞帶自魏晉時傳入中原，到唐代曾一度被定
為文武官員必佩之物，以懸掛算囊、刀子、礪石、
契苾真、噦厥、針筒、火石袋等7件物品，俗稱「蹀
躞七事」。

　　唐代玉佩飾，開一代玉雕新風，其中一些作品顯然受到西域文化影響。
這同唐代思想文化對外開放及儒家思想的削弱有關，這一開端對以後的玉
器發展產生了深遠的影響。

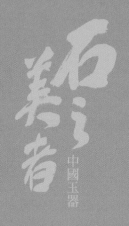

石之美者
中國玉器

5

生活氣息的滲入

▌玉雕的世俗化及玉童子

　　秦漢魏晉之時的玉器，充滿了神祕的色彩。神奇的異獸，羽化的奔馬，超脫世俗的舞人、翁仲，怪誕不經的龍螭鳩雀，加上體系化了的玉禮器、佩飾及神祕的雲、雷、蒲、穀紋飾……這些表現的是上升中的封建統治者的大一統意識，也是一種與現實生活格格不入的理念化境界。

　　但是，隨著經濟的發展，產生了一股力量，引導著玉雕製造者把眼光轉向現實生活。唐以後，玉雕開始出現新的面貌，不僅有濃厚的生活氣息，而且反映出製造者對藝術的感受。他們不再按照某種理念，想像、誇大表現的對象，而是用自己的眼光觀察事物，追隨普遍的社會心理進行創作。這類作品出現於唐代，宋元以後形成了汪洋之勢，不僅爲市民階層欣賞，而且爲統治者所接受，成爲宮廷及民間玉器的新題材。

　　宋代的玉雕出現了一種世俗化傾向，其表現就是觀音像、子母獅、各樣小玉人、玉動物、玉文具、玉龜荷葉等各種玉掛件、玉玩具及擺設的驟然增加。（圖 5-1）（圖 5-2）（圖 5-3）（圖 5-4）

　　世俗化傾向產生的背景是城市經濟的發展。趙宋王權建立，結束了五

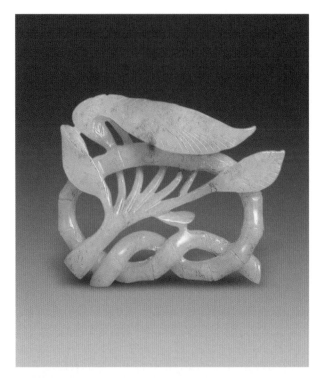

圖 5-1　白玉盤纏竹節飾
件，宋代（莫健超／攝）

竹與中國人的日常生活和
精神生活有不解之緣，中
國文人以竹子一塵不染、
不畏嚴寒、高雅素潔的品
性作爲自己品行的準則，
在它身上寄託自己清高的
生活情趣。所以，竹被列
爲松竹梅歲寒三友之一，
自宋代竹便成爲藝術品的
題材，在玉器雕刻中多有
出現，這件白玉盤纏竹節
飾件即是中國人愛竹情趣
的一個反映。

圖 5-2　白玉耳杯，宋代
（莫健超／攝）

在古代，耳杯用於盛酒或
羹，亦稱「羽觴」，古禮，
飲酒要以雙手執耳杯，不
似今人單手執杯。天子用
爵，公卿以下用羽觴，從
戰國時期一直延續使用至
魏晉，名稱逐漸通俗化爲
「耳杯」，其後羽觴逐漸消
失，被耳杯或其他酒具所
替代。

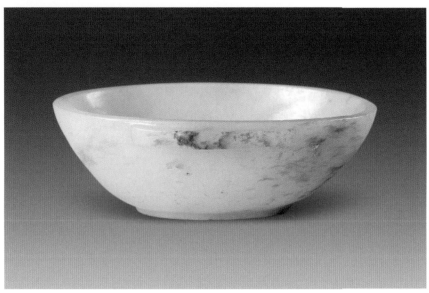

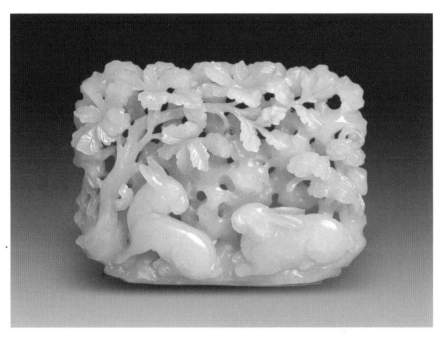

圖 5-3　白玉雙兔嵌件，宋代（莫健超／攝）

玉器製品的創造發展到宋代，形式上由變形
的圖案轉為寫實的形象；內容由神怪及狩獵、
宴樂為主題材變為以山水花鳥的自然風景及
世俗生活為主，而兔子在古代是祥瑞的象
徵，此嵌件以山石圖案為底層，花卉和雙兔
及靈芝為另一層，寓意祥瑞、健康、長壽。

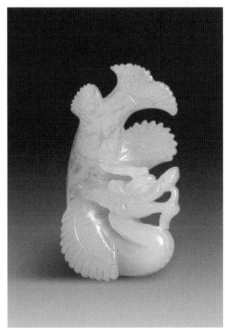

圖 5-4　白玉魚化龍佩，宋代（莫健超／攝）

我國古代早有魚化龍的傳說，亦名「魚龍變
化」。《說苑》中有「昔日白龍下清冷之淵化
為魚」的記載，商代晚期，在玉雕中便已出
現這一題材的作品，並不斷發展。據說孔子
得子，魯昭公以鯉魚作賞賜，故孔子為兒子
取名鯉，字伯魚。所以古代家裏有兒子或盼
望有兒子的人，喜歡收藏這種題材的玉佩。

代十國長達二百年左右的大動盪,社會經濟恢復、發展極快,城市工商業的發展尤為迅速。隨著世界範圍內的商業發達和市場擴大的經濟現象而來的是市民階層的擴大。市民作為一個新的生產和消費階層,消費水準不斷提高,並逐漸進入藝術領域,他們需要的藝術品首先是工藝品,宋代的許多工藝品是直接為供市民使用而製造的。《東京夢華錄》記北宋汴梁:「及州橋之西……紙畫兒亦在彼處,行販不絕。」、「及有使漆,打釵環,荷大斧斫柴,換扇子……舉意皆在眼前。」《武林舊事・小經紀》記當時杭州小商品有:「紙畫兒、扇牌兒、印色盝、諸般盝兒、屋頭掛屏、剪鏃花樣、轉鴿鈴、風箏……」各類小工藝品生產、銷售的興旺,促使玉雕的生產由面向帝王轉而面向市民。

宋代出現了規模可觀的玉雕市場和專門販賣玉器的店鋪,所販玉器大體有兩類:一類為古玉器、仿古玉器,這是在宋代出現的考古之風影響下產生的。當時,學者們不甚知道發掘,所以憑購買古物進行研究。還有一些人雅好古物,古玉、仿古玉的銷售,正好滿足了這類人的需要。第二類是世俗玉器,《西湖老人繁勝錄》記述了宋代一家名為七寶社的店鋪所販玉器:「珊瑚樹數十株,內有三尺者,玉帶、玉梳、玉花瓶、玉束帶、玉勸盤、玉軫芝、玉條環、玻璃盤、玻璃碗、茶玉、水晶、貓眼、馬價珠,奇寶甚多。」

世俗化玉器中,最典型的是宋代玉雕童子。目前見於正式發掘報告的宋代玉雕童子為數極少,但在傳世品中卻大量存在,故宮博物院存有宋元時期的玉雕童子數十個,有極高的欣賞價值。宋代玉雕童子造型非常生動,一般為短衣窄袖,手腕戴環,有的身著小馬甲,大肥褲,形態各異,或模仿唐代飛天人,或攀枝葉欲立,或執荷葉為傘,或行走舞蹈,最常見的是執荷葉童子。(圖 5-5)

四川廣漢宋代窖藏玉器中有兩件玉雕執荷童子。一件高 4 公分,寬 3.2公分,雕成站立雙童子,一大荷葉似傘,在二人頭頂之上,左側童子右手

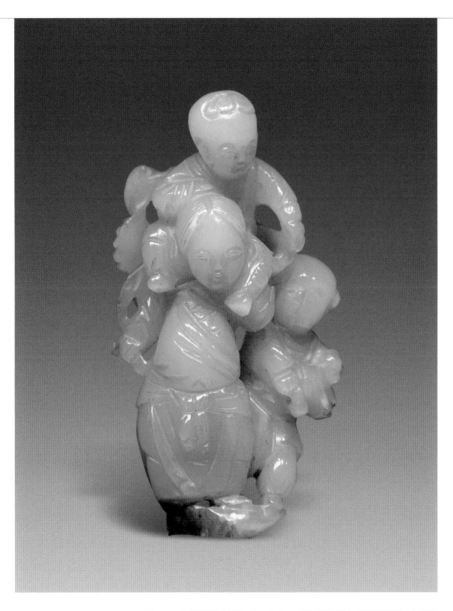

圖 5-5　宋代玉器執蓮童子，上海市博物館中國古代玉器館藏（孔蘭平／攝）

執蓮童子首創於宋。這種造型童子，民間有多種稱謂：執蓮童子、持荷童子、磨喝樂、摩睺羅、蓮孩、小玉人等。這種造型在宋代出現的起因，專家說法不一。一說與佛教有關，是借用佛教天龍八部之一大蟒神「摩呼羅伽」的梵文音譯；一說與「化生」習俗有關，即變化而生。

扶衣領，左手捫腹，窄袖，穿大馬甲，褲腿飾「米」形紋，右側童子頭向內轉，似與另一人低語，左手執荷葉柄，肥褲腿，飾方格錦紋。另一件高5公分，寬4.5公分，雕一盆荷花，荷葉下一童子蹲跪，雙手前伸，似捉甲蟲。

持荷童子題材的流行，同敦煌壁畫所載佛教鹿母蓮花生子故事有關。蓮花生子的故事傳到中國不晚於唐代，這一故事對宋代社會生活可能有影響。玉雕持荷童子便是這一影響的體現。據文獻記載，北宋都城汴梁，七夕前後市民有折荷花荷葉的習俗，《東京夢華錄》記載：「七夕前三五日，車馬盈市，羅綺滿街，旋折未開荷葉，都人善假作雙頭蓮，取玩一時，提攜而歸。又，少兒須買新荷葉執之，蓋效顰磨喝樂。」《夢粱錄‧七夕》有載，這一習俗南宋時僅限於兒童：「市井兒童手執新荷效顰摩睺羅之狀。」這些記載說明在宋代執荷葉是七夕前後小兒的遊戲。

唐代瓷器上已有童子圖案。宋元時期，這一題材的普遍化大大超過了唐代，繪畫、瓷器、工藝品中大量出現了以童子為題材的作品，以至宮廷服飾也用戲童圖案。《宋史‧輿服志》記載革帶圖案「其制有……金荔枝、師蠻、戲童、海捷、犀牛」。

據說宋高宗也曾戴過童子玉墜，《香祖筆記》說：「從伯文玉諱其玫，號能詩，嘗有詠宋高宗一絕云：『千金空買玉孩兒』，不得其解。讀《西湖志餘》，高宗嘗宴大臣，見張循王俊持扇，有玉孩兒扇墜，上識是舊物，昔往四明，誤墜於水者，問俊所從得，對曰，『臣從清河坊鋪家買得之』。詢鋪家，云得之提籃人，後詢之，乃從侯朝門外陳宅廚娘處得之，詢之廚娘，云破黃花魚腹中所得，上大悅，鋪家、提籃人補校尉，廚娘封孺人。」

童子題材作品中引人注目的是摩睺羅的製造。《東京夢華錄‧七夕》記北宋汴梁城「七月七夕，潘樓街東門外瓦子，州西梁門外瓦子，北門外，南朱雀門外街及馬行街內，皆賣磨喝樂，乃小塑土偶耳，悉以雕木彩裝欄座，或用紅紗碧籠，或飾以金珠牙翠，有一對值數千者」。

　　磨喝樂又稱摩睺羅，是一種泥製小人。隨著製作數量的增加和使用範圍的擴大，摩睺羅的製造更爲精緻，不僅使用極華麗貴重的裝潢，材料選擇也越來越講究。「七夕前，修內司例進摩睺羅十卓，每卓三十枚，大者至高三尺，或用象牙雕鏤，或用龍涎佛手香製造，悉用鏤金珠翠。衣帽、金線、釵鐲、佩環、眞珠、頭鬘及手中所執戲具，皆七寶爲之……或有鑄金爲貢者……」（《武林舊事》）這一風俗推動了工藝品中童子題材更廣泛的使用。

　　玉雕童子的雕法一般都很簡練。明清兩代仿製宋代玉雕童子極多，_{（圖 5-6）}有些作品手執荷葉，交腳，與宋元之物相仿，但其開臉煩瑣無章法或簡約走形，衣紋瑣碎，整體上不如宋元作品渾圓有力、質樸自然。_{（圖 5-7）}

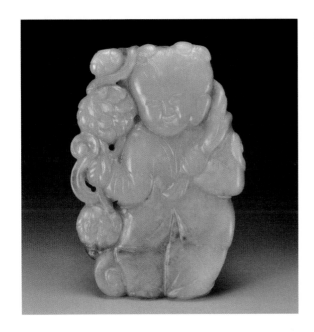

圖 5-6　童子持蓮佩飾，明代，北京市文物公司藏

童子天眞活潑，逗人喜愛，在玉器製品中是比較常見的題材，寓意多子與喜慶，特別是與其他一些形象配合起來，往往可以使用諧音表達吉祥的願望，蓮花童子這類圖最早見於北朝的瓦當上，所謂「蓮生貴子」。此佩飾童子稚氣洋溢，生動自然，頗有立體感。

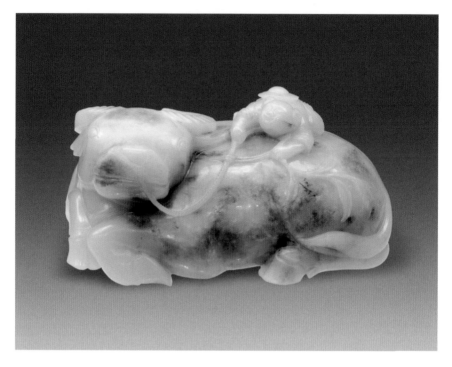

圖 5-7　玉童子牧牛擺件，清代，許國文先生藏（王
達寧／攝）

這是一件清代玉擺件，寓意招財進寶，家丁興旺，
牧童騎壯牛，童真可愛，具有濃郁的鄉村生活情趣。
明清時期，由於文人雅士的偏愛，供觀賞陳設用的
玉雕藝術品十分盛行，且注重形象的準確刻畫和內
容情節的描述。

▌ 春水玉與秋山玉

在收集古代玉器時，經常遇到這樣兩類玉雕作品，一類是鶻捉天鵝圖案，圖案為荷葉、蓮花、水草、一隻天鵝，頸鑽於水草之下，一隻鴿子大小的鷹，欲吃天鵝腦。這類圖案稱為春水圖案，這類題材的作品稱為春水玉。另一類以山林虎鹿為題材，圖案為山石、柞樹，虎或群鹿，這類作品稱為秋山玉。

春水玉和秋山玉表現的鷹、鵝、虎、鹿，荷、蘆、山、林，與傳統玉禮器絕無相似之處。這些圖案表現的天地極為廣闊，不僅有自然界無窮的視野，而且造物天然，各具形態，鷹鶻竄落決起，雁鵝倉皇躲匿，猛虎伏臥低吟，群鹿成群遊弋，野趣橫生，饒有風味。

這兩種題材的玉器為金元時代北方少數民族所用，所反映的內容正是北方游牧民族的弋獵生活。

與北宋同時代的遼國為契丹族所建。契丹族本為游牧民族，以狩獵放牧為主要生產活動，一年之中依牧草生長及水源供給情況而遷居，所遷之地設有行營，謂之「捺鉢」。《遼史》記載，春天，當遼帝行至「春捺鉢」、「鴨

子河灤」時要進行狩獵活動。當時正是早春,「鴨子河灤東西二十里,南北三十里,在長春州東北三十五里,四面皆為沙堝,多榆林杏樹。皇帝每至,侍御皆服墨綠色衣,各備連錘一柄。鷹食一器、刺鵝錐一枚,於灤周圍相去五七步排立。皇帝冠巾,衣時服,繫玉束帶,於上風望之,有鵝之處舉旗,探旗馳報,遠海鳴鼓,鵝驚騰起,左右圍旗皆舉幟麾之。五坊擎進海東青鶻,拜授皇帝放之,鶻擒鵝墜,勢力不加,排立近者,舉錐刺鵝,取腦以飼鶻。教鶻人例賞銀絹,皇帝得頭鵝,薦朝,群臣各獻酒果,舉樂。更相酬酢,遍散其毛,弋獵網鉤,春盡乃還」。

女真族滅遼,建立金國,依契丹舊俗,弋獵於春,進行「如春水」活動。金人的服飾制度中明確規定以鶻捕鵝為飾。「金人之常服四,帶、巾、盤領衣、烏皮靴,其束帶曰吐鶻……其從春水之服則多鶻捕鵝、雜花卉之飾……」。（圖 5-8）

在無錫元代錢裕墓中出土過一件以鶻捕鵝為題材的玉器,但不能斷定是金代遺物還是元代製品,從文獻及出土文物來看,這類鶻捕鵝題材的玉器應定為金元時期。

秋山玉與春水玉同源,所表現的是北方契丹、女真貴族秋季圍獵,射虎殺鹿的情景。《遼史》記述遼帝在「秋捺鉢」,即秋季行營獵捕虎鹿的情景:「秋捺鉢,曰伏虎林,林在永州西北五十里,嘗有虎距林,傷害居民畜牧,景宗領數騎獵焉,虎伏草際,戰慄不敢仰視,上舍之,因號『伏虎林』。每歲車駕至,皇族而下分佈灤水側,伺夜將半,鹿飲鹽水,令獵人吹角效鹿鳴,既集而射之……」。

遼國的射鹿風俗,對金人也有影響,金人服飾上多有山林熊鹿圖案。《金史》稱其為「秋山之飾」。（圖 5-9）

秋山玉的典型代表作品為故宮博物院收藏的環托子母臥虎和青玉虎鹿鷹鵲雙面雕。環托子母臥虎,白玉帶玉皮顏色,圓形,徑 5.4 公分,厚 1.2

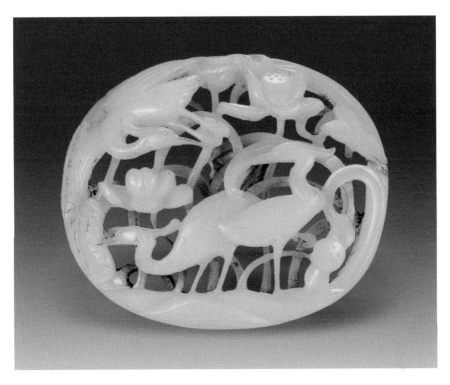

圖 5-8　蓮鷺紋嵌飾，元代，北京文物公司藏(《北京文物精粹・上卷》)

蓮是最常用來作爲宗教和哲學象徵的植物，曾代表過神聖，女性的美
麗純潔、復活、高雅和太陽，鷺飛有次序如百官縉紳之象。舊時科舉
考試，連續考中謂之連科，蓮與連，鷺與路皆爲同音，故鷺與蓮組成
的圖飾被稱爲一路連科，寓意應試連捷，仕途順遂。

公分，底下爲圓環背托，其上鏤雕山石柞樹，樹下臥子母雙虎。

　　青玉虎鹿鷹鵲雙面雕，長 6.6 公分，寬 4.3 公分，長方形，一面雕山崖，
崖壁橫出柞樹樹枝，虎伏崖底，隱於樹枝下，前肢直立，後肢臥下，回首
仰視，虎尾繞過後肢三曲前伸，虎身飾陰刻虎皮紋，崖上雙鹿奔跑。虎鹿、
柞樹皆爲褐黃色，背面雕山石檀樹，松下岩石上立一鷹，樹上方有鵲飛翔，
並有一凸起圓餅，其上雕一「日」字。

121

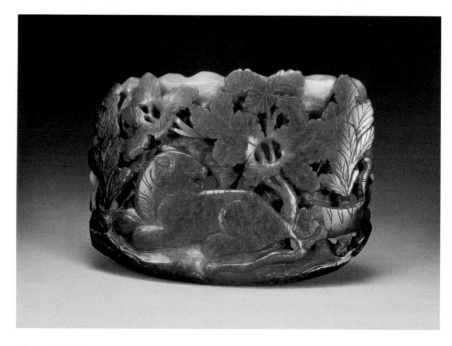

圖5-9 「雙虎紋」帶扣，北京私人收藏

帶扣起初出現在馬具束帶和傘蓋用的扣上，尺寸較小，戰國時成為男子腰帶上用的括結具，也稱作「方策」、「策」或者「鉸具」、「帶頭」、「帶卡」等。金元兩代秋獮於山時以熊鹿為主題紋樣，一些學者認為，襯以山林景色的玉器皆為「秋山玉」。主要用於皇親國戚、達官顯貴們參加秋捺缽活動時佩戴，以便於騎獵，且這種帶扣以玉為上，金次之。

　　春水玉與秋山玉對明清玉器影響很大，但由於時代不同，人們的生活方式不同，製造者不能理解遊獵生活的真實內容，因而後者作品徒有其形而無其神。明清玉雕中群鹿蘆雁題材的作品為數可觀，明代松鹿玉帶飾明顯受秋山玉影響，但作品表現的天地狹小，鹿弱而無力，似圈養。清代荷雁題材作品圖案中已無鶻，雁也被美化，不再逃避鶻鷹捕殺。

　　春水玉、秋山玉有獨特的藝術風格，金元春水玉有三種較常見的形式：第一種是鏤雕荷蘆鶻攫鵝。（圖5-10）天鵝（雁）、鶻、荷在一平面，其下還

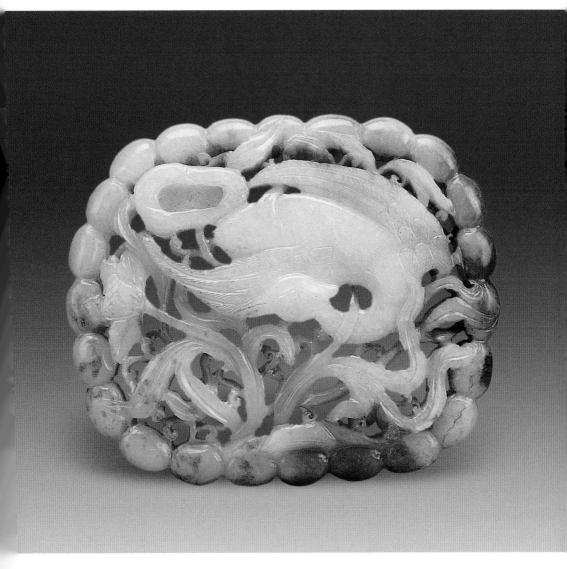

圖 5-10　白玉雕荷葉水鳥飾件，明代（許旭芒／攝）

金元以降，玉器中多見雕鶻捕鵝，雜以花卉，以海
東青捉雁爲題材，一些學者定名爲「春水玉」。「捺缽」
一詞是由行宮的本義引申爲帝王的四季漁獵活動，
即所謂的「春水秋山，冬夏捺缽」，此物是一種用於
人身的帶飾，可能是腰帶或冠帽上的綴飾。主要用
於皇親國戚、達官顯貴們參加春捺缽活動時佩戴。

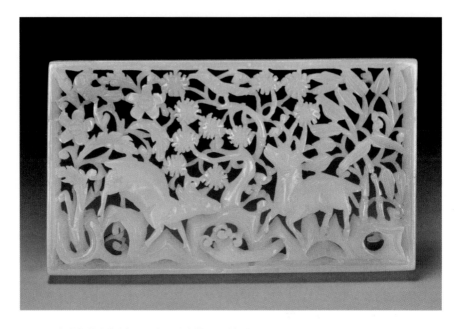

圖 5-11　松竹梅雙鹿紋嵌飾，明代，北京藝術博物館藏

明代社會穩定，城市經濟繁榮，民間富裕，手工業發達，海外貿易頻繁，整個工藝美術為商品生產和外銷所支配，於是出現了追求數量的傾向，符瑞吉祥的諧音題材甚為風行，藝術作品「圖必有意，意必吉祥」，這種圖案首先是為了祈福，其次才顧及到美，整器寓「松鹿延年」祝壽之意。

有一層蘆葉、慈菇、荷梗等。多數作品天鵝（雁）頭都穿過水草，草葉纏繞鵝頸。第二種僅雕一鶻一雁，鶻居雁首，近似圓雕而略薄。第三種是環托鶻捉天鵝。雕一圓環，環內有一鶻一天鵝。

　　秋山玉有多種圖案結構，有的虎鹿並存，有的去虎雕鹿，還有僅為柞樹與虎，其中以群鹿圖案最常見。（圖 5-11）在工藝上，秋山玉有兩點值得稱道，第一，鹿的表現手法極為豐富，尤其注意表現鹿的肌肉隆起，作品風格粗獷，剽悍。第二，採取管鑽鏤空法，透空部分留有鑽痕。這種鏤雕工藝採用多向打孔的辦法，使作品出現多層次變化。

▌龜巢荷葉——舊題材、新形式

　　龜是玉雕中的重要題材，新石器時期紅山文化、凌家灘文化遺址都有玉龜出現，河南偃師二里頭出土過商代玉龜，以後的各代多有玉龜，而且多數玉龜都給人一種神祕感。（圖 5-12）

　　宋元時期，以龜為題材的玉雕作品為數不少，最引人注目的是龜巢荷葉類作品。這類作品的題材雖然陳舊，但其表現形式卻自然美觀，充滿生

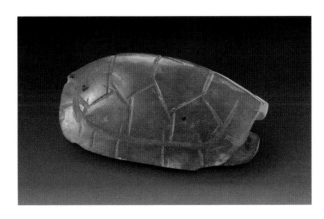

圖5-12　龜形墜飾，西周，1974年北京房山區琉璃河鄉西周燕國墓地遺址出土，北京房山區琉璃河鄉西周燕都墓地遺址博物館藏

龜是一種占卜工具，古人講龍龜河圖就是用龜來表示天地的維綱，西周遺址發現的大量的卜龜和龜甲遺物，充分說明夏商周三代既流行龜卜習俗，亦流行吃龜肉習俗，龜形玉墜就是這種真實生活的藝術體現，是一種趨利避害的飾物。

125

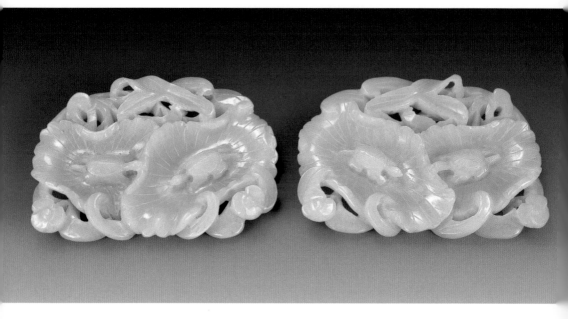

圖 5-13　龜形荷葉佩 1 對，金代，1980 年北京豐台區王佐鄉金代烏
古倫窩倫墓出土，首都博物館藏

窩倫墓是北京地區首次發掘的，有明確紀年的女眞族貴族墓，窩倫爲
女眞烏古倫部人，爲金朝官吏，這塊玉佩爲一塊玉料對剖製成，以浮
雕、透雕技法琢出荷葉、慈菇及水草紋，單陰刻線呈示葉脈，紋理清
晰。古代將這種紋飾稱爲「龜遊」，寓祥瑞之意，因此器可以用作斷
代的「標準器」，故有很高的科研價值。

機，屬於寫實風格的作品。宋金時期的這類龜巢荷葉玉器代表作品有兩件，
造型特點大致如下。

　　第一件，白玉荷葉雙龜佩，金代，1980 年北京豐台區烏古倫窩倫墓出
土。長 10 公分，寬 7 公分，厚 1.3 公分。佩爲片狀，雕成荷葉二片，荷葉
中心各雕一龜，龜仰首擺尾，四肢如爬行，背殼隆起，其上陰線雕龜背紋。
（圖 5-13）

　　第二件，白玉龜巢荷葉嵌件，四川廣漢宋代窖藏玉器，長 5.7 公分，
寬 3.7 公分。長條形，片狀，邊緣呈連弧形，局部向裏卷，陰刻直線葉脈，
自中心向外放射。荷葉中心凸雕一龜。

這兩件玉器，一件出於南方的趙宋，一件出於北方金國，風格雖有不同，但表現出龜巢荷葉這一題材的玉器使用地域的廣泛。北京豐台出土的白玉荷葉雙龜佩，明確地表現出面向自然和寫實的風格，水草、荷葉、爬動的烏龜，搭配得極其和諧。

龜巢荷葉的題材並非始於宋，只是宋代才在玉雕中大量採用，在此以前，許多文獻都有所提及。《史記 • 龜策列傳》曰「……是爲嘉林，龜在其中，常巢於芳蓮之上」。晉人葛洪著《抱朴子》說：「千歲之龜，五色俱全，其額上兩骨起似角，解人之言，浮於蓮葉之上，或在叢蓍之下，其上時有白雲蟠蛇。」晉張華《博物志》也有「龜三千歲，遊於蓮葉，巢於卷耳之上」的說法。因此，這類玉雕題材可定名爲「龜巢」或「龜遊」，它的含意以長壽爲主。

在傳世品中，有許多以龜巢荷葉爲題材的玉器，這些作品大多屬於宋元時期，故宮博物院收藏的這類玉器主要有三種。

第一種是龜巢荷葉帶飾。以帶扣爲多，典型作品是白玉龜巢荷葉帶飾。第二種，帶有龜巢荷葉的玉爐頂。多見於金元時代，有些體積較大的山林人物爐頂，或較小的荷葉鷺鷥爐頂上往往帶有這類裝飾，這類作品中最出色的是故宮收藏的俏色玉雕龜巢荷葉鷺鷥爐頂。第三種，帶有龜巢荷葉裝飾的玉嵌件，多爲圓形，構圖較複雜，龜荷等圖案常被安排在不起眼的位置。

清代仿古製品中，也有龜遊荷葉題材的作品。這些作品仿製逼眞，把它們同宋元時期的作品區別開，需要有很深的鑒定功力。如故宮收藏的兩件仿古龜巢荷葉杯。杯爲束斂荷葉式，其外凸雕荷葉、鷺鷥、魚藻、龜遊等紋飾。杯內底部刻「大清乾隆仿古」六字款。兩杯大小不一，但形制相同，其紋飾、圖案及雕琢瑣碎細膩。杯外表有一層烤色，同元代玉器所帶玉皮顏色不一樣。遺憾的是，這兩件玉杯所仿原杯已不知去向。

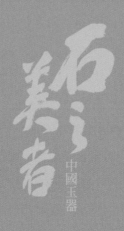

石之美者
中國玉器

6

最後的高峰

▌ 明清玉器發展的五個階段

　　明清時期，中國封建社會進入了後期，經濟文化有較大的發展，人們的生活方式呈現一種多樣化的態勢。經濟的多樣化、文化的多樣化、生活方式的多樣化都促進了工藝技術的多樣化發展，這些為玉器高峰的出現提供了條件。可以說，明清時期是中國古代玉器發展的最後一個高峰，這時的玉器品種多，使用範圍廣，使用量大，出現了許多藝術精品。

　　明代與清代玉器的發展，大致可以分為明代早期玉器，明代中晚期玉器，清代雍正以前玉器，乾隆、嘉慶玉器，道光以後玉器五個階段。

　　明代早期玉器的考古發現主要見於江蘇、山東、湖北地區，江蘇地區發現的重要作品是汪興祖墓出土的玉帶飾。南京博物館收藏明代早期墓葬中大將汪興祖墓及徐達五世孫徐甫夫婦墓最具盛名，兩個墓中都出土有玉帶。汪興祖墓出土的玉帶飾分為鉈尾及銙兩種，皆透雕雲龍紋，作品整體較厚，圖案有一定深度，層次間界不甚明確，表面微隆起、玉質白、光澤亮、龍為起舞狀，其形接近於元代圖案中的龍形，上唇長而上挑，細頸身多曲，同天安門前華表頂上所雕蹲龍近似。作品表現出明初玉器在用玉、圖案、

加工等方面的某些特徵。

　　山東魯王朱檀墓出土了較多的玉器。朱檀爲明太祖朱元璋第十子，封魯王，其墓屬明早期墓葬。墓葬中出土了多種玉器，主要有玉圭、玉帶、玉杯、玉硯和玉佩。湖北鐘祥市大洪村發現的明梁莊王墓，出土有大批玉器。梁莊王朱瞻，明仁宗九子，生於永樂九年（1411），封爲梁王，諡號「莊」。墓中出土的玉器數量較多，據不完全資料表明，組合類玉器約有四十餘套，其中一些作品爲明代以前製造，其餘爲明早期玉器。

　　明代晚期的玉器發現於各地，其中以北京明定陵出土玉器及故宮博物院收藏明宮廷玉器最具代表性。這些藏品表明，此時玉器的發展滲透到社會生活的各個方面，已形成系統的禮器、陳設、佩飾、用具、文玩、生物寫生、喪葬用玉體系。（圖 6-1）（圖 6-2）（圖 6-3）（圖 6-4）

　　清代玉器以乾隆玉器最具代表性，此時的宮廷玉器是玉器發展的主流。清代玉器製造的成就盡在乾隆一朝。乾隆二十四年（1759），清廷在新疆各

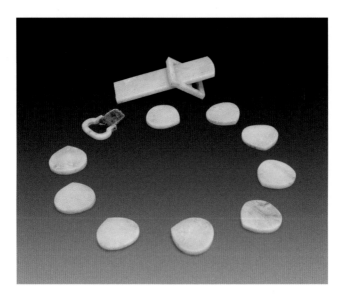

圖 6-1　玉革帶飾，明代，北京明定陵博物館藏

革帶，就是束衣帶。《説文》：「帶，紳也。男子鞶帶，婦人帶絲。」又云：「紳，大帶也。」、「鞶，大帶也。」鞶帶，即革帶。綜合起來看，大帶用以束衣，革帶用以佩物，革帶不直接繫在身上而是繫到大帶上，作爲飾於袍服外的一種代表身分地位的飾物，革帶中以玉帶最爲尊貴。

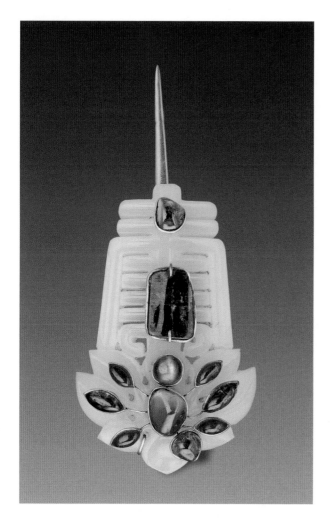

圖6-2　鑲寶玉壽字金簪，明代，北京明定陵博物館藏

簪是用來綰住頭髮的一種髮具。我們的祖先使用髮簪已經有4000多年的歷史了。中國殷商時期出土的文物中，就已經發現了各種質地的髮簪。在古代，簪是男女通用的，因為簪象徵著尊嚴，所以罪犯不許戴簪，就是貴為后妃如有過失，也要退簪。

　　族人民的支持下平定了叛亂，加強了行政管理及新疆與內地的經濟往來，新疆玉料大量進入內地，宮廷玉器的製造出現了新局面和躍進之勢。

　　自唐以來中國的藝術出現了重大發展，尤以雕塑、繪畫為明顯，雕塑中的大型造像及三彩人物，書畫中的人物畫、風景畫，藝術成就是南北朝以前所不能相比的，玉器的製造也融於這一股藝術發展的潮流之中。至明

131

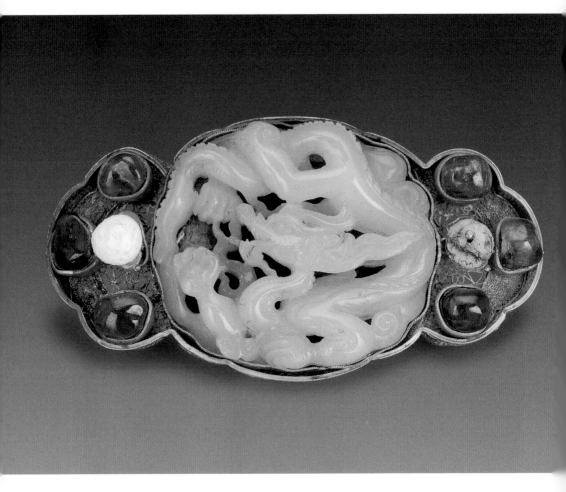

圖 6-3　鑲珠寶白玉團龍雲頭形金帶飾，明代，北京
明定陵博物館藏

明代首飾的主要工藝特點是金銀與寶石的結合，而
這種鑲嵌之風與時人對寶石的熱情有關。雲頭形金
托，正面中心嵌白玉鏤雕團龍一條，帶飾兩端嵌紅、
藍寶石及珍珠，背面兩端有兩個四合如意雲紋方形
紐。定陵所出上飾雙龍戲珠等物的翼善冠首見於萬
曆帝的父親穆宗皇帝。

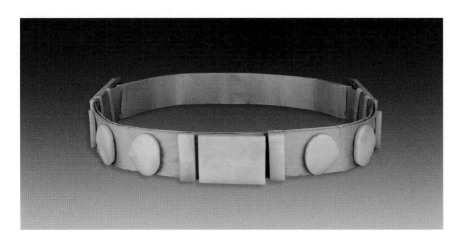

圖6-4　玉革帶，明代，北京明定陵博物館藏

明代中後期的玉革帶已經完全是身分地位的昭示
物，基本沒有使用功能，出土、存世數量很龐大。
張自烈《正字通》釋「銙」：「明制，革帶前合口處曰
三台，左右排三圓桃，排方左右曰魚尾，有輔弼二
小方，後七枚，前大小十三枚。」常見紋飾有雲龍、
雲鶴、花卉、動物、人物、雜寶等。

後期，玉器上已有書法及文人畫出現，且形成藝術潮流，清代乾隆皇帝肯
定並推進了這股潮流。（圖6-5）在宮廷玉器中乾隆做了兩件非常重要的事，
一是以自己的藝術修養影響玉器的製造，查清宮造辦檔案，可知乾隆對各
地治玉工藝工匠情況有所了解，宮廷玉器的製造多有乾隆的授意，重要作
品的設計製造及成品的修改都要經他首肯；二是命宮廷畫師參與玉器的設
計，並將重要繪畫製成玉器。造辦處畫師金廷標、余省、姚文翰等都曾參
與宮廷玉器的設計，清宮使用的秋山行旅圖玉山、桐蔭仕女圖玉陳設等一
批作品，也都是依據繪畫作品設計的。這使玉器製造的工藝水準和藝術水
準有了極大的提高。（圖6-6）

　　乾隆不但強調了作品的藝術表現，還組織製造了大量宮廷玉陳設、宮
廷玉器皿、玉佩、玉文具和玉用具等，創造了「乾隆玉器」的玉史奇觀。

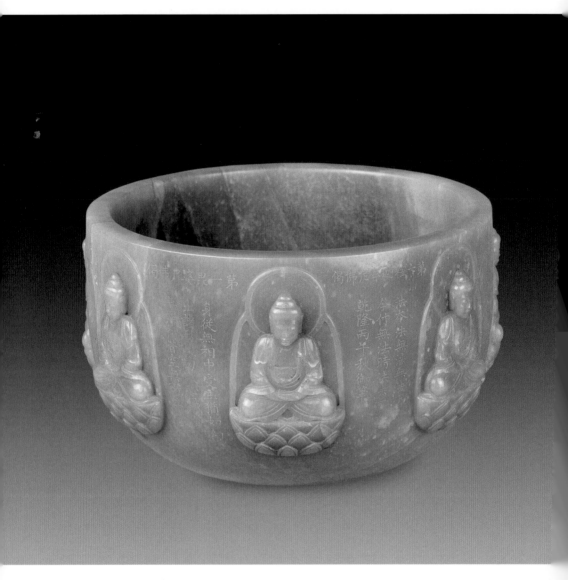

圖 6-5　青玉御題詩七佛缽，清乾隆年間，北京頤和
園管理處藏

缽是形狀像盆而較小的一種器具，佛陀所用食具就
稱為缽，以玉做缽當為南北朝時，北魏酈道元《水
經注》：「佛缽，青玉也，受三斗許。」唐時於蘇州
開元寺供佛缽，清代乾隆二十二年（1757）南巡到蘇
州，見後大為讚賞，回京後命良工仿製成玉缽，供
於宮內佛堂中。此缽外雕七尊佛像，是清宮特有的
陳設用品，又為清代傳世佳品。

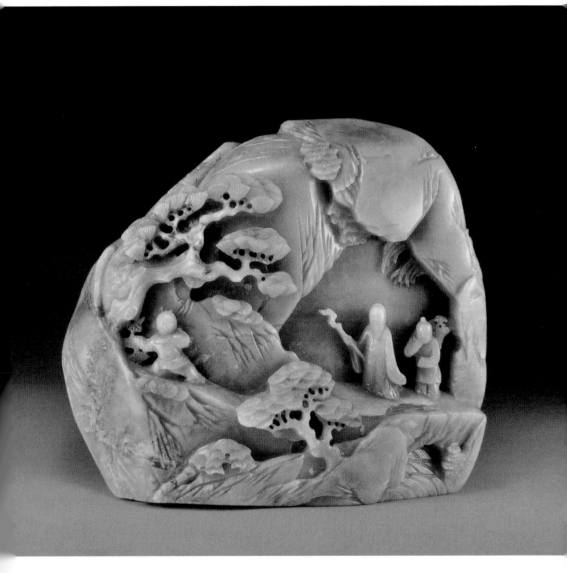

圖 6-6　青玉策杖圖山子，清代，1963 年北京海淀
區圓明園遺址出土，首都博物館藏

山子是一種以山石爲主要造型，配以人物等形象的
陳設擺件。清代玉山子多以歷代名畫爲藍本，與繪
畫藝術相結合。此作品用傳統繪畫中的遠山近景技
法，琢刻出走在陡峭山崖間的老少 3 人的不同姿態，
人物腳下是小橋流水，山側樹木茂盛，一派自然風
光。

135

治玉大師陸子剛

　　明代後期，中國北方與南方出現了兩個治玉中心，所製玉器風格略有不同。北方的治玉中心在北京，作品以定陵出土玉器爲代表；南方的治玉中心在蘇州，代表作品較多，其中以「子剛」款作品最爲著名。（圖 6-7）

　　蘇州位於長江下游的江蘇，明晚期，蘇州地區的經濟有了較大的發展，美術工藝與製造工藝也隨之有了長足的進步，玉器製造工藝便是其中之一。《天工開物》記這一時期的玉器製造「良工雖集京師，工巧則推蘇郡」，大有蘇郡琢玉優於京師之意，陸子剛又是蘇州治玉業中出現的第一高手。明代文獻中多有關於陸子剛治玉的記述，這些記述多談及其作品，對於他的生卒年代卻講得不甚清楚，世傳玉器中見有「子剛」、「子岡」兩名，文獻中所見也爲兩名。《香祖筆記》、《識小錄》、《觚不觚錄》皆曰「陸子剛」，《太倉州志》又曰「州人陸子剛」，可知陸子剛原爲太倉州人。而明人陳繼儒《妮古錄》、屠隆《文房器具箋》談及作品時又談及作者「陸子岡」，且《陶庵夢憶》等書也講「陸子岡」，可見在明代晚期已有「陸子剛」、「陸子岡」兩名、兩款的作品，兩者爲一人還是兩人，尚需進一步研究。

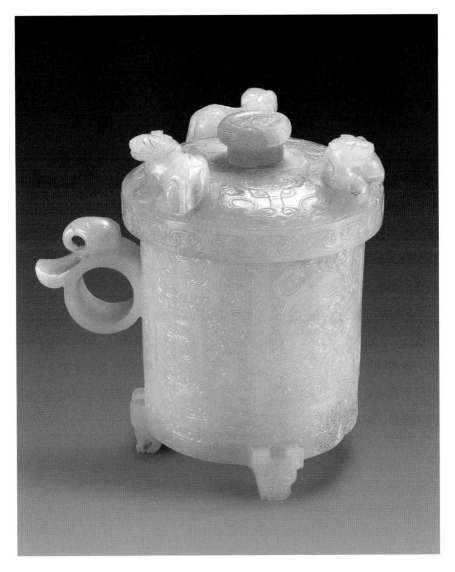

圖 6-7 「子剛」夔鳳樽，明代，1962 年北京小西天清代黑舍里氏墓出土，首都博物館藏

這是迄今所知北京地區出土的唯一帶「子剛」款的玉器。陸子剛是明代著名玉器工匠，他能在所雕器物上雕琢出人物、花卉、鳥獸及幾何圖案、詩詞、銘文等，並在器物的隱僻處雕出「子剛」、「子岡」、「子剛製」等款文，對後世的玉器雕琢有很大影響，名重一時，史稱「陸子剛治玉」為「吳中絕技」。

明代經濟的發展推動了鑒賞收藏風氣的流行，最初的鑒藏承宋、元遺風，重視書法、繪畫、碑刻、銅器，以古舊爲貴，明代晚期則重視當代作品的收藏。《觚不觚錄》曰：「畫當重宋，而三十年來忽重元人，乃至倪元鎮以遺明沈周，價具增十倍，大抵吳人濫觴而徽人導之，俱可怪也。」陸子剛所製玉器也是這一股收藏潮流中人們追逐、收藏的對象，「今吾吳中陸子剛之治玉，鮑天成之治犀，朱碧山之治銀，趙良璧之製錫，馬增力之治扇，周治之治嵌，及歙呂愛山之治銀，王小溪之治瑪瑙，蔣抱之治銅，皆比常價再倍，而其人有至與縉紳坐者」。類似的文字記述在明代的文人筆記中多有，且多把陸子剛治玉排在諸種精工之首，可見陸子剛作品在當時影響之大，說明陸子剛款玉器在當時已有較高的價位，比一般工匠作品要貴出很多。

　　記載陸子剛生卒年代的文獻至今尚未發現，明人王世貞生於嘉靖五年（1526），卒於萬曆十八年（1590），其所著《觚不觚錄》所言「今吾吳中陸子剛」其人應與陸子剛爲同一時代人。傳世玉器中帶有「嘉靖」年款的子剛款作品眞僞尚難確定，相信陸子剛於嘉靖年已出名，而後世子剛款作品層出不斷與其成爲店肆品牌多代相傳有很大關係。

▌ 明代玉佩墜的主要品種

　　明代玉佩墜是佩玉的一部分，常見佩玉有玉帶飾、玉服飾、頭腕飾、佩墜等，玉帶飾分爲帶扣、帶板、提攜、帶鉤、帶穿等數種。服飾常見帽正、領花、紐扣三類。佩、墜範圍較廣，有頭飾，有懸掛於身的佩飾，還有掛於扇柄的墜飾。下面介紹一下主要作品的情況。

　　帶扣。延續元代帶扣風格，以兩個委角方板相連，方板上有孔，可扣合帶頭。明代佩玉體系相當發達，它以玉帶飾、玉服飾、玉佩墜飾爲主。四周圓雕螭紋或雲紋，兩個玉板間或以一個玉套管套住方板側面的半環，相連或者採用類似合頁的連接。明代玉器鏤雕技術發達，玉帶扣中鏤雕作品也不少，有些作品製造得極其精湛，例如明代製造的鏤雕雙環帶扣，兩環的形狀近似於雞心佩。一環中心爲孔，可扣合帶頭，環四周鏤雕雙螭，另一環中心封死，背面有一凸紐，可接連條帶，環四周亦雕雙螭，兩環以一方形套管相連。（圖 6-8）

　　帶板。據文獻記載，北朝就有玉帶飾。目前見到的最早的玉帶板爲南北朝時作品，唐代有使用玉帶板、大帶玉勾䚢的嚴格制度，玉帶板發展的

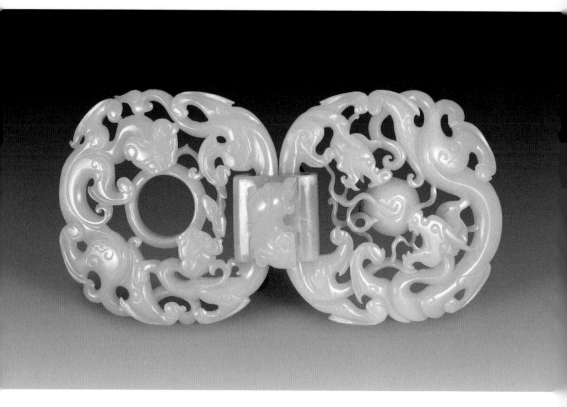

圖 6-8　蟠龍紋帶扣，明代，1962 年於北京密雲縣
清代乾隆皇子墓出土，首都博物館藏

清代乾隆皇子墓又稱太子陵，是乾隆長子、三子、
五子之墓，這三位皇子均英年早逝，他們王的冊封
是在其身前，而不是死後追封。乾隆十七子中，只
有三人有這樣的殊榮，表明乾隆對他們的鍾愛，其
葬品十分豐富，且保存完整，蟠龍紋帶扣即爲其一，
後移入首都博物館收藏。

頂峰是明代。明初帶板延續元代玉帶板風格，塊數有十六至二十五塊，數
量不等，主要用白玉。目前見到的明永樂朝的玉帶板多爲二十塊。明代玉
帶板紋飾極豐富，有動物、人物、各種花鳥、瓜葉、百子等。明中期之後，
鏤雕帶板大量出現，並採用了多層次鏤雕，即在鏤雕圖案的下面再鏤雕一

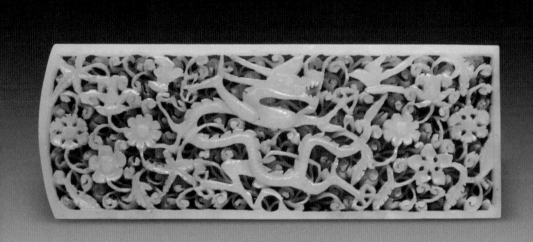

圖 6-9　雕龍玉帶板，明代，曲阜文管會藏
（俄國慶／攝）

玉帶是一種由數塊，乃至十數塊扁平玉板
鑲綴的腰帶，是古代官品位的標誌。玉帶
創製於何時，至今並無明確的證明，始見
於北周，一直沿用至明代，清代廢除玉帶
制度。玉不能彎曲，因此，玉帶是先製作
成小型號玉板，再串穿而成玉帶。

層圖案。（圖 6-9）一套帶板計二十塊，分為桃形、條形、長方形及鉈形。南
京明將汪興祖墓出土玉帶板十三塊，皆雲龍紋。臣子用雲龍紋似不合禮數，
因而可能是受賞賜的戰利品。

　　提攜。「提攜」一詞，在《遵生八箋》一書中已出現，文物界同人將一

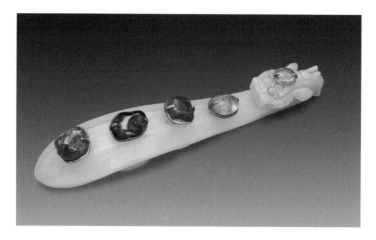

圖 6-10　鑲寶石龍首白玉
帶鉤，明代，北京明定陵
博物館藏

帶鉤，是古代貴族和文人
武士所繫腰帶的掛鉤，古
又稱「犀比」。起源於西周，
戰國至秦漢廣爲流行。帶
鉤是身分象徵，帶鉤所用
的材質、製作精細程度、
造型紋飾以及大小都是判
斷帶鉤價值的標準。

種於玉帶板下端接一扁環，可以用來懸掛其他飾件的玉器稱爲提攜。這類
帶飾宋元時期就有，明汪興祖墓及明益宣王墓中都有出現。明代的提攜較
宋元時的作品小而精緻，並可分爲兩種，一種爲活環，一種爲死環。

　　帶鉤。目前的考古發掘發現了元代帶鉤，明代帶鉤在上海地區及蘇州
地區的考古發掘中也已發現。上海發現的明中期帶鉤較小，琵琶肚，龍首
式鉤頭，龍首爲外卷耳，雙角後彎貼於頸。元明時代玉帶鉤的考古發現，
不僅說明玉帶鉤在那個時代已流行，還爲我們鑑別傳世玉帶鉤提供了依據。
在目前的傳世玉器中有大量的明代帶鉤，這些帶鉤以螭龍帶鉤爲多。元代
的帶鉤，腹部與鉤頭薄而寬，玉質白而似有石性，表面或帶烤色。明代的
螭龍帶鉤較元代的窄，玉也稍好，鉤頭窄而厚，所飾螭虎的特點也較突出。
（圖 6-10）

　　花瓣形玉片。圓形，片狀，邊緣呈八瓣或六瓣花瓣式，一面雕數層菊
瓣紋，菊瓣上有極淺的橢圓形凹槽，中心爲花蕊。另一面中心爲花蕊，花
蕊外的螺旋線連接花瓣，花瓣近似秋葵之瓣，順向迭壓。玉片表面有玻璃
光。這類玉片直徑大小不一，有時僅有一面紋飾，另一面有相通的二孔。

方形「工」字片。呈「工」字形，近似於兩個長方片連合而成，玉片的邊緣隱起極淺的邊框，邊框中部凹下，形成凹面。玉片中心為圓形開光，光內有雕花。有的玉片較厚，邊緣呈坡狀，飾螭虎紋樣。

玉牌子。方形，上部鏤雕相對夔紋，下部為方牌，牌表面隱起山水人物或花鳥圖案，有時有文人詩句。這類玉牌子清代也大量生產，稱為「別子」。（圖 6-11）明代的作品轉角處雕得方硬，沿牌子邊沿有凸起的邊線；邊線窄而淺，有玻璃光，所飾圖案為薄的隱起，構圖簡練，帶有文人畫的味道。（圖 6-12）

鏤雕玉佩。明代玉器製造中鏤雕技術非常發達，這種鏤雕技術運用於玉佩製造，就出現了大量的鏤雕玉佩。這類玉佩大體上可分為兩種：一種為片狀透雕玉佩，有方形、圓形及其他不規則形狀，在佩上用鏤雕方式雕出花鳥、人物等圖案。另一種亦為方片，

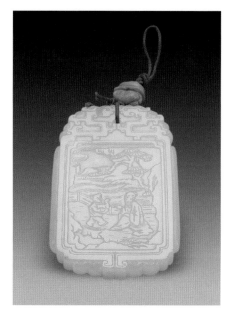

圖 6-11　白玉雕羲之愛鵝圖牌，清代（許旭芒／攝）

王羲之是東晉傑出的書法家。為了掌握書法技巧，王羲之養成了「愛鵝」的癖好。他從鵝行水的動作中，悟出了用筆的方法。並曾以書寫一部《道德經》的代價，換取了山陰道士所養的鵝，後世因有羲之愛鵝之說。明清常以此為題材打造玉器式樣。

但不同上一種的形如平板，而是局部為圓雕，相連而成玉螭片，或為盤捲的竹枝，或為螭銜靈芝，或為盤龍，或為瓜藤。

玉魚。傳世品中有較多的古代玉魚被判斷為明代製造，中間又分為兩類：一類作品的風格近似於宋元時代作品，帶有宋元作品遺風，造型古樸無華。另一類與典型清代作品有別，風格又古樸。這類玉魚長嘴，或飾斜網格式鱗，或身飾「米」形水花，或身側有一條稍微彎曲的水線，魚尾或呈

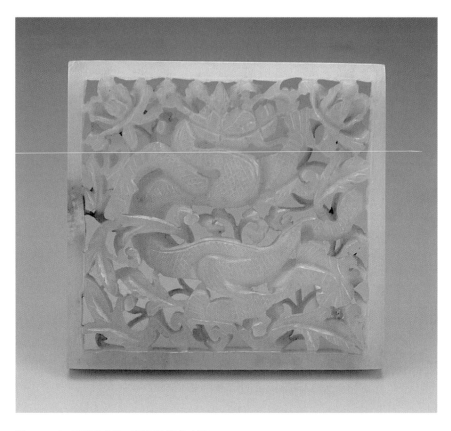

圖 6-12　白玉透雕龍紋牌，明代（許旭芒／攝）

古人認為，玉是陰陽二氣的純精，是和諧的物化表
示，《禮記》中所說：「君子無故玉不去身。」因此越
是好的玉料，它的器形越細，價值也就越高。此件牌
飾為長方形，通身精雕蟠螭龍紋，雕工細緻入微，將
龍紋飾所要彰顯的氣質表現得淋漓盡致，整器古樸典
雅，造型優美。

扇狀，有凸起的骨刺，邊緣呈鋸齒狀，或中部分開彎向兩側。

　　玉蟹。明代較多地出現了玉蟹。明代玉蟹為團身，柱形眼，八足於身側
順向排列，腿邊緣有明顯的雕鑿痕，有些玉蟹腹部有鈕，作為代扣使用。

▌清代宮廷的大件玉陳設

清代宮廷玉器以大件玉器、大件玉陳設著稱。人言「明玉無大件」，自古而來，玉器皆以小件爲盛，蒙元之時，宮廷製造了瀆山大玉海（現於北海團城）。（圖6-13）明一代不見有大型玉器製造。這一現象的出現，同玉材來源的困難有直接關係。清代和田玉的大量入進，促進了宮廷玉陳設的發展。大玉甕、大玉山、大玉瓶等大型玉陳設接連出現。這類作品不僅體積大，且玉質精良，有觀賞性，同宮廷建築相呼應，且陳設效果是小件室內陳設所不能比擬的。

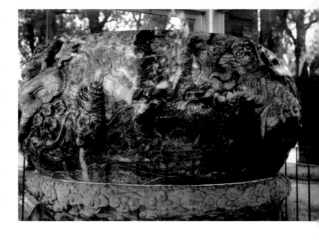

圖6-13　瀆山大玉海，蒙元時期，北京北海團城藏（聶鳴／攝）

「瀆山大玉海」是中國現存最早的特大型玉雕傳世巨型酒器，又名玉甕，元世祖忽必烈下令製作。根據《日下尊聞錄》記載：「瓊島，元之瀆山，即明之瓊島也。」瓊華島是遠古河道殘留下的水泊中的山，故有「瀆山」之稱，所以大玉甕被稱爲「瀆山大玉海」。是一件里程碑式的作品，它代表了元代玉器製作工藝的最高水準。

145

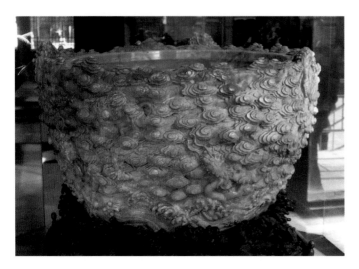

圖 6-14 「福海」玉雕，北京
故宮樂壽堂（聶鳴／攝）

福海原名「青玉雲龍玉甕」，
缸形，象徵「福如東海長流
水」。因大海形象較難表現，
玉工就用和田玉雕出一個大
甕，下以海水銅座承托，周
圍刻上翻騰的海水，九條遊
龍升騰於波濤雲霧之間。慈
禧住進樂壽堂後，爲之取名
「福海」，以示福如東海。

1. 大玉甕的製造

　　蒙元之時製造了聞名於世的瀆山大玉海，這是玉器發展史上的壯舉，
一則改變了傳統的用玉觀念，一則以此炫耀國力。乾隆讀《輟耕錄》及《金
鰲退食筆記》，知此物淪爲西華門外道人貯菜器，頗震驚，以千金得之，
設於北海承光殿，異常喜愛，一再題詠。新疆平定後，玉石西來之路貫通，
乾隆知和田產大玉，欲造大甕，與蒙元比高低，「悉有產玉之山孕玉之水，
蓋水孕者精而山產者鉅，因命輿致一山產者爲玉甕，較承光殿所設者質美
而工精」，但「質美器鉅乃過之，雖弗侈言懷畏，而較有無爲勝，此吾所以
爲幸也」。並於庚寅之春與諸翰臣聯句。上述玉甕乃乾清宮東暖閣陳設，
置於紫檀木座上，內外遍刻詞句，並有御製詩文，甕之內膛略小，使用之
時也貯水無多，因而陳設是其主要用途。

　　宮廷內現存最大玉甕是與樂壽堂南山積翠玉山並立的福海雲龍玉甕。
（圖 6-14）其形巨大，依材勢而造就，上部略闊，外雕玉龍，盤旋而凸起，原
玉料重約五千斤，玉質青碧而兼有青白，似兩色岩漿攪和而成，內膛頗大，

取出玉料本應很多，但宮廷遺玉中未見
以此種料成器者。可能是利用玉中白色
有似古沁之處，拿去仿製古器了。此甕
為和田玉作品，色澤渾厚古樸。樂壽堂
以其室內木裝修華麗講究而佔清代宮廷
內室華麗之首。有大玉甕及玉山陳設，
甕內又可貯水，對調節室內氣氛及以備
不虞都是有益的。

　　清宮檔案內多有取新疆玉製玉甕的
記載。一些作品已不知流落何方，紫禁
城內存甕除上述兩件外，還有幾件碧玉
作品，製造規範，需用較大玉料且進行
大量剔除才能製成。

2. 宮中陳設的仿古大玉瓶

　　大型玉瓶是清代宮廷使用的重要陳
設。陳設性玉器皿在宋代就已出現，明
代玉器中瓶、壺、爐等器皿很多，陳設
兼實用，但一般都不太大。在清宮遺玉
中有相當數量的玉瓶、壺多為仿古樣式。
同其他時代的仿古玉彝器相比，清宮使
用的仿古瓶、壺體積略大，玉質又好，
有非常明顯的陳設效果。

　　清宮使用的玉陳設中，有很多兼有
實用價值的作品，如闊腹的奩盒、簋、
爐等，（圖 6-15）（圖 6-16）（圖 6-17）（圖 6-18）

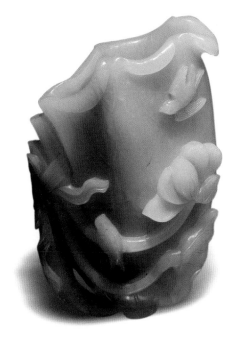

圖6-15　白玉荷葉式花插，清代，
河南博物院藏（聶鳴／攝）

花插是一種用於插花的器物。始
見於明，清代雍正、乾隆時製品
為最佳。器身常有青花纏枝蓮紋、
梔子花或青花地白纏枝蓮紋為飾。

147

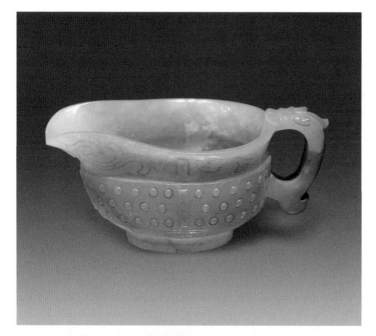

圖6-16 玉雕乳釘紋杯，
清代，河南博物院藏（聶
鳴／攝）

杯是飲酒的飲具，中國酒
文化源遠流長，歷代精美
酒具燦若星辰。從夏商周
青銅爵，到明清時期的瓷
杯和玉杯等，品種、造型
諸多，乳釘紋裝飾也極常
見，但將之用於玉杯上則
只是明清玉雕技術發展到
極致以後的事了。

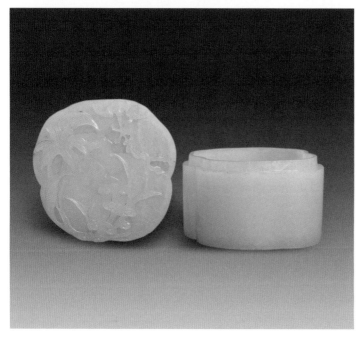

圖6-17 白玉浮雕福壽紋
海棠形盒，清乾隆年間（莫
健超／攝）

盒為名詞，是設計簡單而
有效用的容器。除去儲物
功能外，開合是它的精髓
所在。到了皇家，更是為
了顯示宮廷氣派而將之製
造得美輪美奐。這個白玉
浮雕福壽紋海棠形盒可稱
為傑作，是盒具中的佼佼
者。

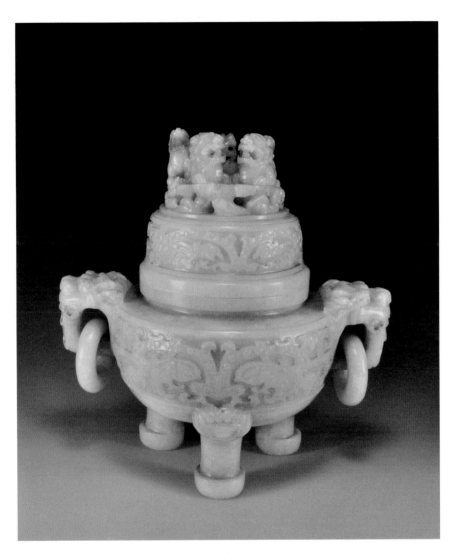

圖 6-18　夔龍紋獸耳銜環爐，清代，北京藝術博物
館藏

玉爐多做陳設，可用來燃香，古代早有史料記載，
中空爲香灶，用來盛放香料，以做焚香的爐膛。此
器由蓋和身兩部分組成。造型新穎，製作精巧，紋
飾細密，雕工精到。從鏤空的纏枝蓮花的器壁裏，
似乎有陣陣花香隨風飄拂而來。

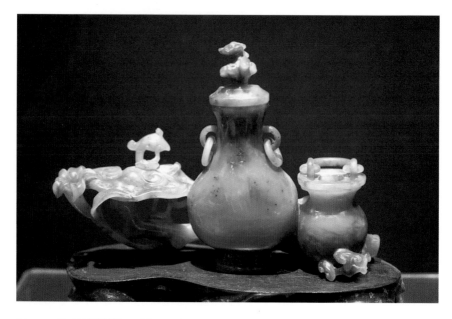

圖 6-19　碧玉靈芝雙聯瓶，清代，北京密雲董各莊
清皇子墓出土（孔蘭平／攝）

玉擺件大體自宋以降而出現，盛於明清兩朝，這主
要得益於玉礦石的來源拓廣了。清代玉工借鑒繪畫、
雕刻、工藝美術成就，集多種傳統做工及歷代的藝
術風格之大成，又吸收了外來藝術影響並加以糅合
變通，其所作小型擺件重白玉，尤尚羊脂白玉，這
些擺件常寓意「事事如意」、「必定如意」等美好願望。

同這些作品相比較，玉瓶應屬純粹的陳設用品。清代宮廷講究室內陳設，
金、瓷、漆、琺瑯等各類器物中，大件作品不斷出現，這些作品的製造材
料一般都不成問題，只需解決財力和工藝技術即可。但玉雕大型陳設的出
現卻要有待於玉材來源的解決。上文曾談到此時期和田玉大量入進，這爲
大型玉雕陳設的出現開闢了道路。

　　清宮廷使用的陳設性玉瓶，按其尺寸大小可分爲三類。第一類爲高度
在 40 公分以上者，爲大瓶，一般爲仿古樣式，無蓋。第二類爲高度超過

20公分而不足40公分者，多有蓋，或仿古，或應時，用玉好，製造精，屬宮廷玉器中的精品。再一類屬20公分以下的小瓶，多為實用者。（圖6-19）第一類大玉瓶在明以前的玉器中未見實物，鮮有文獻談及，應是清代宮廷使用的高檔次特殊陳設品。這類大瓶又可分為兩種，一種寬度較大，近似於扁瓶，但有一定厚度，體積較大而紋飾簡單，使用時的陳設效果往往同玉材的優劣關係密切。一種整體呈柱狀而腹部凸起，這類瓶的紋飾多為厚雕，且較複雜，橫截面或為方形，或為圓形、長方形，瓶腹有淺浮雕圖案，瓶底陰刻「大清乾隆」仿古款。目前，故宮博物院存有這類清代大玉瓶十數件，皆為和田玉。由於大瓶的體積較大，表面滑而少起伏，因而對玉材的要求很高，最一般的要求是色澤一致而少綹裂。（圖6-20）採玉時遇到的常規情況是：玉材

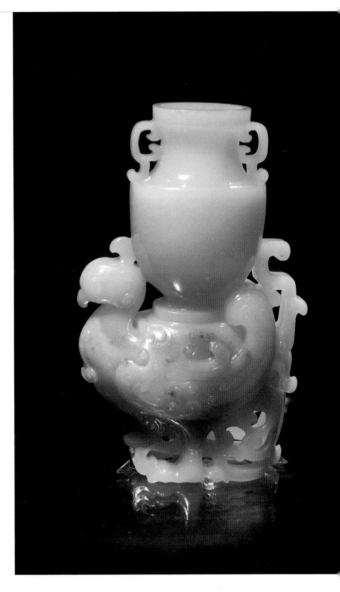

圖6-20　天雞玉瓶，清乾隆年間，上海市博物館藏（孔蘭平／攝）

大型玉瓶是清代宮廷使用的重要陳設。同其他時代的仿古玉彝器相比，清宮使用的仿古瓶、壺體積略大，玉質又好，有非常明顯的陳設效果。因玉瓶越大，玉材越難選擇。天雞瓶就是從山料玉中精選少綹及色澤一致者製作而成的，這樣的白玉本身也是非常難得的。

151

若大則易出現岩層疊壓，綹裂與色澤差異很難避免，因而玉瓶越大，玉材越難選擇。

傳統的觀點認爲和田玉分爲山料玉及水料玉兩種，作爲水料玉之一的河撈玉乃山洪將山上之玉帶下，幾經碰摔，有綹處已裂斷，因而玉料較小，呈籽兒狀，少綹。山料玉直接採自玉山，料大而多綹，色澤不或一。但清代製造的大玉瓶，無河撈玉之大料可用，只能於山料玉中精選少綹及色澤一致者爲之，這樣的山料玉本身也是非常難得的。乾隆對這樣的山料玉給予了極高的評價。故宮博物院藏新7512號大玉瓶，高40.5公分，寬27公分，厚14公分，爲碧玉，仿古樣式，細頸粗腹，截面橢圓形，頸兩側有獸吞式耳，耳下掛活環，瓶腹飾獸面紋，獸面的上、下方各有一周由渦紋及夔紋組成的帶狀紋，瓶頸刻有乾隆題詩：「山產似水產，今壺法古壺，意存殷傳訓，制命玉人圖，周尺長尤突，吳工巧法誣，神魖刻蜿蜒，饕餮義同符。」署「乾隆甲寅御題」並「八徵耄念」、「自疆不息」二印。詩中說明此壺用山產玉料製成，讚其玉質與水產玉料相似，並道出玉瓶爲蘇州製造。由此而知，清代宮廷陳設的大玉瓶，多是用新疆和田山料玉在蘇州加工製成的。

3. 宮廷大玉山的製造

玉山是圓雕的立體景觀，製造時往往依玉材的形狀雕作山形。輔以人物、建築、流水、林、澗，表現一個特定的主題。北京豐台王佐鄉唐代史思明墓出土有小玉山，現在發現的早期的此類作品是宋金時期所製，但作品的體積很小，底面又不平，是嵌於器物上的爐頂，眞正意義上的陳設爲數極少。

玉山的大量出現是在清代。玉山是清代宮廷玉陳設中的一個重要品種。製造玉山的玉料常見的有兩種：一者玉材本身色澤變化較多，製成器物時不好看，只宜利用顏色變化製成山林景色：一者玉材外形奇特，取材製器則去料多，有失天趣。清代玉山的大量出現是在和田玉提供了充足的玉材

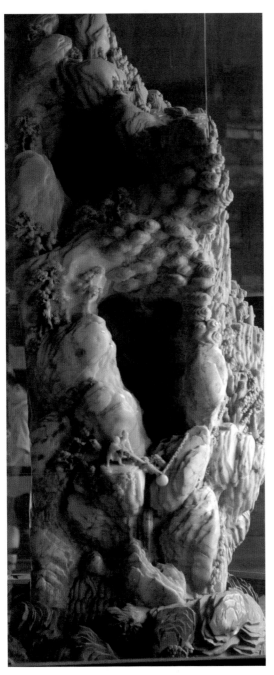

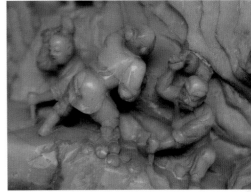

圖 6-21　大型玉雕「大禹治水」及局部，北京故宮樂壽堂（聶鳴／攝）

「大禹治水」玉山，是中國玉器寶庫中用料最宏，運路最長，花時最久，費用最昂，雕琢最精，器形最巨，氣魄最大的玉雕工藝品，也是世界上最大的玉雕之一。題材取自我國上古洪水氾濫，大禹率領民眾，與洪水鬥爭，最終獲得勝利的傳說。製作這樣一個巨型玉雕，既有乾隆以千古聖君自居，也有其以大禹的事蹟自勉的含意。

的條件下完成的，其中最為壯觀的是大型玉山的製造。清代宮廷製造了一批大型玉山陳設，以大禹治水玉山最為著名，（圖 6-21）玉山之料重萬斤，製成後置於銅座上，高逾 2 公尺，陳設於珍寶館內樂壽堂後室。另外還有南山積翠玉

153

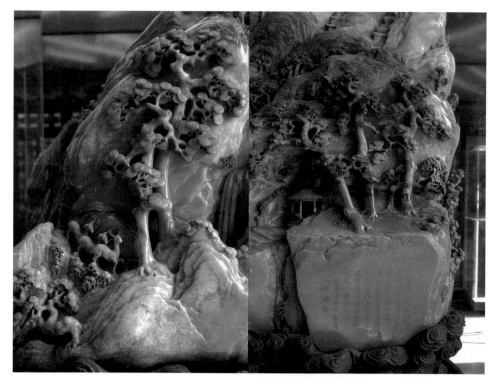

圖 6-22 「丹台春曉」玉雕壽山局部，北京故宮樂壽堂（晶鳴／攝）

青玉「丹台春晚」象徵高山，古又名南山積翠玉山。玉料來自新疆和田，屬超大型玉材，重1500公斤，用近4年時間完成，取「仁者樂山」之寓意，又象徵「壽比南山不老松」，故又稱之為「壽山」。下有流雲銅座。左上角刻「丹台春晚」隸書，右下角有乾隆御題詩。

山，玉料重約三千斤，現陳設於樂壽堂。會昌九老玉山，高 1.45 公尺，關山行旅玉山，高 1.3 公尺，玉料重量或超千斤。這些作品都是用和田玉料製造的。玉料屬超大型玉材，這類大型玉陳設的製造，在中國玉器發展過程中具有里程碑的意義。（圖 6-22）

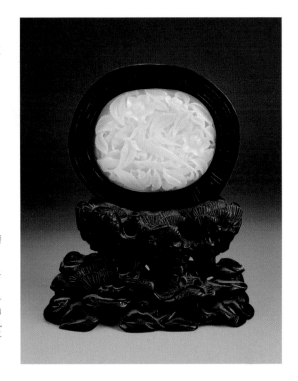

圖 6-23　玉花鳥雕件（連座），清代（許旭芒／攝）

凡經雕刻而形成的飾品、擺件等皆可稱爲雕件，雕件品種很多，主要有人物、器具、鳥獸、花卉等，因寓意不同，圖案也各不相同，這件花鳥雕件以紫檀木爲底座，花色潔白，富貴高雅，不落窠臼，意蘊別具，格調高遠。

4. 宮廷嵌玉傢具

　　鑲嵌類傢具在明清兩代十分流行，所嵌玉料、彩石品種甚雜，尤其是明代作品帶玉料鑲嵌者極少，其原因在於可用於鑲嵌的玉材料的缺乏。清代宮廷中鑲嵌裝飾傢具出現了多樣化傾向，有多種多樣的嵌玉桌、凳、床等。乾隆二十四年（1759）後，和田玉的大量供應爲嵌玉傢具的發展提供了條件，在造辦處的組織下，製造了一批大型且精緻的嵌玉傢具，典型作品爲寶座、屏風、掛屏、座屏等。很多作品上嵌有大面積的方形玉版，玉版透光而不透明，其上浮雕花紋，圖案若隱若現，有很好的室內裝飾效果，宮廷傢具所嵌玉版皆以和田玉製成。而這類嵌大型玉版傢具是清代之前、之後所未見到的，爲清代獨有。（圖 6-23）

5. 清代宮廷的玉磬

在宮廷的各種活動中，音樂佔有重要地位，各種禮儀活動和祭祀活動中都要奏樂，而宮廷雅樂、丹陛大樂中特磬與編磬是必不可少的樂器。同竹絲革匏及金屬樂器相比，磬的聲音清越悠遠，獨具一格。磬的形狀為片狀折尺形，尺寸不同則聲色不同，使用時將其懸掛，敲擊出聲。可製磬的礦料很多，古來最崇石磬，清代還使用了靈璧石磬，音色皆不如和田玉磬音色好。和田玉磬是磬類打擊樂中的珍品。

明代宮廷已有和田玉磬使用，清代宮廷使用時將其改刻了年款，這批磬的尺寸較小，音量自然也小。乾隆二十七年（1762）始，清宮系統地進行了製造和田玉特磬、編磬，並用和田玉磬取代靈璧石磬的活動。（圖 6-24）

同以往的玉磬相比較，清代製造的玉磬大了許多。乾隆四十年（1775）造辦處檔案記特磬尺寸「黃鐘：股修一尺四寸五分八厘，股博一尺九分三厘，鼓修二尺一寸八分七厘，鼓博七寸二分九厘，厚七分二厘九毫。」而玉料尺寸則更大，乾隆三十六年（1771）「葉爾羌辦事大臣其成額送到磬料青玉三塊，內一塊重四百斤，一塊重三百四十斤，一塊重一百六十斤……奉旨，此三塊內一塊重四百斤交如意館，其二塊做成太簇特磬二面以為圓明園、紫光閣二處樂器內換用」，太簇在特磬中還並非最大者，由其所用玉料之大可知清代玉磬之大。

乾隆四十年（1775），宮廷又一次派員去葉爾羌採辦製磬玉料。先是皇帝傳旨玉匠鄒景德挑選可製磬之料，結果「銀庫內之玉做編磬者有，但顏色玉情不或一，又兼俱有柳道石性，俱使不得」。又傳旨「將從前跟德魁去過之人派往葉爾羌辦玉磬料，欽此」。此次採辦玉料子「應辦寧壽宮添設青玉特磬二份計二十四面，備料一份計十二面，編磬二份計二十四面，備料一份計六面」。乾隆四十一年（1776）五月軍機處奏交玉料，檔案記：「今該處初次送到磬料可做玉磬三十面」，乾隆命發往蘇州，又傳旨：「其

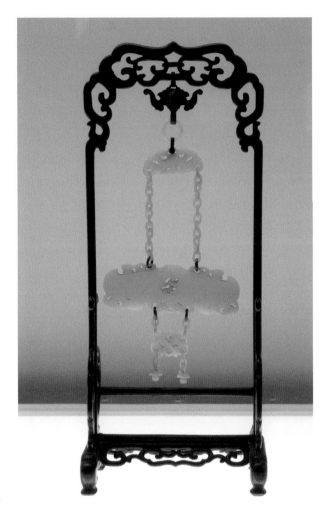

圖 6-24　白玉磬形掛飾，
清代，濟南市博物館藏玉
器展（俄國慶／攝）

掛牌是一種辟邪護符器
物，按傳統民俗說法，人
隨著年歲增長，精氣衰
退，抵抗力下降，各種邪
祟便以災禍、疾病等形式
出現了，若想避免荼毒，
便需要借助佩戴辟邪護
符，這就是掛牌的由來。
磬本是古代石製的一種打
擊樂器，用白玉將繫於脖
子上的掛牌做成磬形，就
是磬形掛飾，是清代流行
的室內飾玉。

餘未到之磬料，俟其陸續到時照此次第發往蘇州織造一例成造。」

　　對於宮廷使用的玉磬，乾隆三十七年（1772），造辦處曾進行查補，
得知：「熱河中和樂器內之特磬乃全份十二面俱係青玉成造，圜丘壇等九處

157

內舊有玉編磬三份，新造六份係青玉成造。」而朝日壇等十六處特磬中有靈璧石器物，分次換下。

清代宮廷玉器是古代玉器發展的頂峰，尤其是清代中期，宮廷玉器是玉器製造的主流，宮廷組織製造了大量的玉陳設、玉用具、玉文玩、仿古玉器等，玉材的選用、設計、加工等都達到了高峰。嘉慶中期，宮廷玉器走向低潮，民間玉器製造有較大發展，進入玉器發展的新階段。

玉器在中國有近萬年的歷史，是中國古代文化的重要組成，對中國古代文明及現代文明有深遠影響。研究玉器的歷史，了解玉器文化，對促進當代文化的發展也很有必要。

參考文獻

[1] 鄧淑萍。玉的大千世界 [J]。故宮文物月刊，1989 年 7 卷 4 期。

[2] 趙朝洪。先秦玉器與玉文化 [J]。中華文明之光 · 壹，1998。

[3] 劉國祥，于明。名家論玉(一)、(二)、(三)、(四) [M]。北京：科學出版社，2009.1。

[4] 楊建芳師生古玉研究會。玉文化論叢(1-4) [M]。北京：文物出版社，台灣：眾志美術出版社，2006.7。

[5] 于建設。紅山玉器 [M]。呼和浩特：遠方出版社，2004.7。

[6] 唐榮祚。玉說 [M]。石印本。北京：北京怡然印字館，1912。

[7] 李鳳公。玉雅 [M]。鉛印本。廣州：廣州嶺南玉社，1935。

[8] 牟永抗。中國歷史上的玉器時代 [J]。明報月刊，1997.4。

[9] 錢憲和，方建能。史前琢玉工藝技術 [M]。台灣：台灣博物館，2003.3。

[10] 殷志強。說玉道器 [M]。南京：南京大學出版社，2011.3。

[11] 古方。中國出土玉器全集 [M]。北京：科學出版社，2005.10。

[12] 周南泉，張廣文。故宮博物院藏文物珍品全集 · 玉器 [M]。香港：商務印書館(香港)有限公司，1995.12。

[13] 徐曉東。遼代玉器研究 [M]。北京：紫禁城出版社，2003.5。

[14] 楊伯達。中國玉學玉文化論叢 [M]。北京：紫禁城出版社，2002.4。

[15] 中國國家博物館，徐州博物館。大漢楚王：徐州西漢楚王陵墓文物輯萃 [M]。北京：中國社會科學出版社，2005。

[16] 張尉。中國古代玉器 [M]。上海：上海人民出版社，2009.12。

[17] 劉雲輝。陝西出土東周玉器 [M]。北京：文物出版社，[M]。台灣：眾志美術出版社，2006.7。

[18] 趙美，張楊，王麗明。滇國玉器 [M]。北京：科學出版社，2003.4。

[19] 臧振，潘守永。中國玉文化 [M]。北京：中國書店，2001.1。

[20] 張蓓莉。系統寶石學 [M]。北京：地質出版社，2006.5。

責任編輯　　雪　兒
封面設計　　陳德峰

中華文化基本叢書───07

書　　名	**石之美者：中國玉器**
著　　者	張廣文
出　　版	三聯書店（香港）有限公司
	香港北角英皇道 499 號北角工業大廈 20 樓
	20/F., North Point Industrial Building,
	499 King's Road, North Point, Hong Kong
香港發行	香港聯合書刊物流有限公司
	香港新界大埔汀麗路 36 號 3 字樓
版　　次	2015 年 1 月香港第一版第一次印刷
規　　格	16 開（165 × 230 mm）172 面
國際書號	ISBN 978-962-04-3504-1

© 2015 Joint Publishing (H.K.) Co., Ltd.

Published in Hong Kong

本書原由北京教育出版社以書名《中華文明探微系列叢書（18種）》出版，經由原出版者授權
本公司在除中國內地以外地區出版發行。